LAS TRES CIDRAS DEL AMOR,
O EL CABALLERO ANDANTE

AS TRÊS CIDRAS DO AMOR,
OU O CAVALEIRO ANDANTE

Las tres cidras del amor, o El caballero andante

As três cidras do amor, ou O cavaleiro andante

Introducción y edición bilingüe
Pedro Álvarez-Cifuentes

GRUPO DE ESTUDIOS
CERVANTINOS

El *Quijote* y sus
interpretaciones

Luna de
Abajo

OVIEDO 2025

Universidad de Oviedo

**GRUPO DE ESTUDIOS
CERVANTINOS**

Colección El *Quijote* y sus
interpretaciones, n.º 18

DIRECTORES:
Emilio Martínez Mata
y María Fernández Ferreiro
http://grec.grupos.uniovi.es/

© DE LA TRADUCCIÓN, INTRODUCCIÓN
Y EDICIÓN CRÍTICA:
Pedro Álvarez Cifuentes

EDITA:
Luna de Abajo
https://www.lunadeabajo.com/
DISEÑO:
Pandiella y Ocio

DEPÓSITO LEGAL: AS 01813-2025
ISBN: 978-84-86375-85-0

1.ª edición: mayo 2025

ÍNDICE

Prefacio de la empresa colaboradora

Mi vínculo con *El ingenioso hidalgo don Quijote de la Mancha* viene de lejos. Era pequeño cuando me regalaron una versión infantil y cuando leímos varios capítulos en el colegio, posteriormente. Su compañero en algunas andanzas, Sancho Panza, el supuesto yelmo de Mambrino y el episodio de los gigantes marcaron mi imaginación durante años, hasta que con más edad pude deleitarme con una versión ilustrada por Gustavo Doré y disfrutar con el placer de su lectura íntegra.

Cuatro siglos después de su primera edición, el *Quijote* sigue teniendo relevancia y sigue siendo de actualidad, pues en su texto se encuentran multitud de referencias útiles para entender muchas situaciones relacionadas con la vida cotidiana hoy en día. La universalidad de la obra de Cervantes tiene ahora una especial importancia dada la globalización de la economía y del conocimiento. Y, en particular, la globalización de las empresas que, con la contribución de los últimos avances científicos, en muchos casos, han conseguido que su actividad y sus proyectos puedan alcanzar un impacto tan universal como la propia novela cervantina.

Cuando desde E2IN2 tuve conocimiento de los trabajos que desarrolla el Grupo de Estudios Cervantinos de la Universidad de Oviedo, no dudé ni un momento en ponerme en contacto con las personas que lideraban la iniciativa para ofrecer nuestra colaboración con el fin de aumentar el alcance de su labor y la difusión del talento creativo e investigador en torno a la obra de Cervantes, haciéndola accesible de manera más global.

Es justamente esta dimensión global de E2IN2 y de su proyecto Civie el hecho que justifica el patrocinio de parte de la edición de los ejemplares de la colección «El *Quijote* y sus interpretaciones». Apoyar el talento creativo, académico y emprendedor está en nuestro ADN y es por ello por lo que E2IN2 desea contribuir a que el conocimiento del *Ingenioso hidalgo* y de su autor, así como las interpretaciones que se han hecho por parte de múltiples autoras y autores —y, por ende, esta colección—, pueda ser accesible a quienes deseen conocerla y profundizar desde países lejanos. Para llevar nuestra colaboración a la práctica haremos esfuerzos para hacerla llegar a diferentes bibliotecas e instituciones.

Con esta iniciativa de patrocinio, E2IN2 desea contribuir a la difusión del conocimiento sobre la mejor novela de todos los tiempos y a la excelente tarea que lleva a cabo el Grupo de Estudios Cervantinos de la Universidad de Oviedo, además de, por supuesto, a la difusión de nuestra lengua.

Espero que disfruten de esta colección tanto como he disfrutado cada vez que me he acercado a la lectura del *Quijote*.

VALENTÍN E. DE TORRES-SOLANOT DEL PINO
E2IN2 S. A.

INTRODUCCIÓN

> Vejo-me entre as incertezas
> de três Irmãs, três Senhoras,
> se são três sóis, três auroras,
> três flores, ou três belezas;
> para sóis têm mais lindezas
> que aurora mais resplandor,
> muita graça para flor,
> e por final conclusão
> três enigmas do Amor são,
> mais que *as três cidras do Amor.*
>
> (Gregório de Matos, *Poemas atribuídos. Vol. 4*, pp. 5-6.)

> DON QUIJOTE Si hubiese vuestra merced leído las historias de Palmerín de Oliva, Roldán, Amadís de Gaula y otros muchos sobre los que el clarín de la fama por cien bocas canta sus nunca vistas hazañas, sabría entonces lo que vale un caballero andante.
>
> (António José da Silva, *Vida do Grande D. Quixote de la Mancha*, p. 73.)

1. Un cuento popular, una farsa italiana, una ópera

Las tres cidras del amor es un cuento tradicional de origen mediterráneo del que se registran numerosas versiones en Turquía, Grecia, Italia, España y Portugal (se trata del tipo ATU 408, «The Three Oranges»).[1] La historia, altamente estilizada, cierra la última jornada del *Cunto de li cunti* (o *Pentamerone*) del

---

[1] Una primera versión de este estudio fue publicada en *Anales Cervantinos* (Álvarez-Cifuentes 2020). Para un análisis detallado del cuento y sus variantes, ver Goldberg (1997). Mazzoni (2015) revisa la simbología de las cidras (y otras frutas) en la tradición popular.

napolitano Giambattista Basile —publicado en dos tomos entre 1634 y 1636— y fue llevada a la escena en 1761 como *L'amore delle tre melarance* por Carlo Gozzi, quien le confiere un tratamiento burlesco con el que pretendía parodiar la obra de sus contemporáneos Pietro Chiari y Carlo Goldoni (De Stasio 2008: 119-130). En el siglo XX, la *fiaba scenica* del conde Gozzi sería adaptada por Serguéi Prokófiev en su ópera *El amor de las tres naranjas* (1921).

Versiones portuguesas de *Las tres cidras del amor* aparecen recogidas por Teófilo Braga (1883 y 1885), Ataíde de Oliveira (1905), Consiglieri Pedroso (1910) y Barbosa (1915), entre otros. El argumento básico es el siguiente: un príncipe que está enfermo de melancolía y no encuentra una esposa de su gusto recibe como regalo de una hechicera tres cidras —o tres naranjas, o limones, o nueces, o huevos— con el consejo de que solo las abra cuando se encuentre cerca de una fuente de agua fresca.[2] Al pelar la primera de las cidras, aparece una hermosa doncella que se muere de sed antes de que el príncipe pueda socorrerla —en otras versiones, la princesa encantada no solo le pide agua, sino también un peine y una toalla para secarse—; lo mismo ocurre con la segunda cidra pero, al abrir la última fruta, el protagonista logra dar de beber a la tercera joven, la más hermosa de las tres hermanas, y le promete que se casará con ella (el relato continúa con la suplantación de

---

[2] Cardigos y Correia (2015: I, 208-214) registran un amplio número de versiones del cuento en Portugal y otros países lusófonos. En el *Pentamerone* de Basile (2006: 452), la vieja hechicera recomienda al príncipe Ciommetiello: «En cuanto estés en las proximidades de tu reino, en la primera fuente que encuentres corta una toronja, de la que saldrá un hada que te dirá ¡dame de beber! Y tú has de acudir rápido con el agua, porque si no se disolverá como argento vivo. Y, si tampoco sabes ser listo con la segunda hada, abre bien los ojos y sé solícito con la tercera, para que no se te escape; dale en seguida bien de beber, que así tendrás una mujer como la quiere tu corazón».

la princesa por una esclava mora y su transformación en una paloma mágica). En Portugal, el cuento de *Las tres cidras del amor* ya es aludido por Simão Machado en la *Comedia do Cerco de Dio* (1601) y también por varios autores de los siglos XVII y XVIII como Fernão Rodrigues Lobo Soropita, Frei António das Chagas, Gregório de Matos y Soror Maria do Céu, entre otros (Coelho 1879: XV). Además, sirvió de inspiración para un «conto afonsinho» de Almeida Garret (2005: 137-151) —nunca terminado—, una comedia fantástica de José da Silva Mendes Leal con música incidental de Francisco António Norberto dos Santos Pinto (1849) y, en tiempos más recientes, una obra de teatro infantil de Yvette K. Centeno (1991).

Sin embargo, a pesar de lo que anuncia el título, la *Piquena peça intitulada As três cidras do amor, ou O cavaleiro andante* (1793) no bebe directamente del cuento popular sino que solo lo refiere de pasada como una de las narraciones que el viejo Camelião ha leído de manera obsesiva hasta perder la razón, como le ocurrió al ingenioso hidalgo de la Mancha. Así, la historia del rey Alcureceu de Trapisonda y sus tres hijas encantadas consiste más bien en el intertexto, o telón de fondo, de una farsa de ambientación burguesa cuyo argumento podría estar relacionado con el de una pieza de Carlo Goldoni, *Il mondo della luna*, que se estrenó en Venecia en 1750 con música de Baldassare Galuppi. En la comedia de Goldoni (1929: 541-546), Ecclittico y Ernesto se ponen de acuerdo para engañar al Signor Buonafede, un astrólogo aficionado que, tan huraño como Pantalone, desprecia a los pretendientes de sus hijas y no quiere pagarles su dote. Con la ayuda de los criados Cecco y Aurelia, los amigos convencen al viejo de que, ingiriendo un licor mágico, es posible viajar a la luna —un lugar donde las diferencias sociales no tienen tanta importancia— y lo embaucan para que les conceda la mano de las hermosas Clarice y Flaminia (De Sanctis 1948: 78-79). Siempre cercano a la *commedia dell'arte*, Goldoni podría estar imitando la farsa *Arlequin, empereur dans la lune* del francés Nolant de Fatouville, representada en 1684 por una compañía de actores italianos en el Hôtel de Bourgogne de París y que en 1687 sería traducida al inglés por Aphra Behn bajo el título *The Emperor of the Moon* (Hayden y Worden 2019).[3]

El texto de Goldoni —que también fue utilizado como libreto por Joseph Haydn (1777) y por Giovanni Paisiello (1783)— es la base de la ópera burlesca (o *burletta*) *Il mondo della luna* del compositor portugués Pedro António Avondano (1714-1782), que se estrenó en el Palacio Real de Salvaterra de Magos durante el Carnaval de 1765 (Brito 1989: 138). La ópera de Avondano fue adaptada al portugués bajo el título *O lunatico illudido*, un «drama adornado de muzica» de Marcos António Portugal (1762-1830) que se puso en escena en el Teatro do Salitre de Lisboa en la Navidad de 1791, esto es, dos años antes de la publicación de *As três cidras do amor* (Brito 1989: 168). El entremés *O astrologo por nova invenção*, impreso por António Gomes en 1784, desarrolla un asunto semejante.[4] En algún momento, el autor de la *piquena peça* que nos ocupa se propuso combinar el cuento tradicional portugués con los enredos guiñolescos de Goldoni y, al mismo tiempo, quiso integrar en la trama una serie de personajes y motivos procedentes del universo cervantino, muy apreciado en Portugal a lo largo de los siglos XVII y XVIII.

---

[3] Sobre la *commedia dell'arte* puede consultarse el estudio clásico de Nicoll (1963). Sito Alba (1983) estudia la huella del teatro italiano en la obra de Cervantes.

[4] Camões (2016: 25) apunta que, «muchas veces, las comedias originales francesas dieron lugar a entremeses portugueses, frecuentemente publicados sin nombre de autor» («muitas vezes, as comédias originais francesas deram lugar a entremeses portugueses, frequentemente publicados sem nome de autor») [esta traducción es propia, como todas las siguientes].

2. El *Quijote* en las tablas portuguesas

Aunque la primera traducción al portugués de *Don Quijote de la Mancha* (1794), en seis volúmenes y de pluma anónima, es relativamente tardía (Cobelo 2013), la novela de Miguel de Cervantes fue muy leída en lengua española y ya desde inicios del siglo XVII se puede rastrear su gran popularidad entre el público lusitano,[5] de forma especial en el dominio teatral.[6] Por ejemplo, Jacinto Cordeiro (1606-1646) hace alusión a don Quijote, Sancho Panza y Dulcinea del Toboso en *El hijo de las batallas* (1630) y en la *Famosa comedia del mal inclinado* (1634) y el gracioso Astolfo también los menciona en la *Relaçam verdadeira da entrada que em Castella fez Fernão Martins de Ayala, Tenente da Companhia de Manoel da Gama Lobo* de Pedro Salgado (1645, p. 3), ambientada en un regimiento militar durante la Guerra de Restauración portuguesa:[7]

---

[5] A lo largo de 1605 ya constan tres ediciones de la primera parte del *Quijote* en Lisboa: dos tiradas diferentes de Jorge Rodrigues y una de Pedro Craesbeeck (Abreu 1997: 37-38). Sobre la traducción de otras obras de Cervantes al portugués, ver Ares Montes (1992).

[6] A los trabajos pioneros de Fidelino de Figueiredo (1920 y 1921), Xavier (1942), Lizón (1947), Ares Montes (1952, 1953, 1972, 1988 y 1993), Mendes (1954a y 1954b), Glaser (1955a y 1955b), Peixoto (1961) y Coelho (1976) se han sumado, en años más recientes, las investigaciones de Abreu (1997, 2006 y 2019), Rodrigues (2006), Vargas Díaz-Toledo (2012a, 2015 y 2018), Dotras Bravo (2016), Vargas Díaz Toledo y Lucía Megías (2018) y Camões (2020). Glaser (1955a: 201) relaciona el limitado conocimiento de la primera influencia cervantina en Portugal con «la falta de guías bibliográficas adecuadas y la extremada rareza de muchas obras portuguesas editadas en el siglo XVII» («the lack of adequate bibliographical guides and the extreme rarity of many Portuguese works published in the seventeenth century»). Sobre la relación del *Quijote* con la cultura portuguesa, ver Colaço (1953).

[7] Anastácio (2007) aborda el uso de la figura de don Quijote en el contexto de la *Restauração*.

PANTOJA   Que dizes, Astolfo amigo,
                      do Tenente a confiança?

ASTOLFO   Que digo? Que es don Quexote,
                      y tu que eres Sancho Pança;
                      Pues son sus cavallerias,
                      sus hechos, y sus hazañas,
                      aunque pintadas para estas
                      que a lo vivo vemos, nada.

Asimismo, Manuel Coelho Rebelo se hace eco de los personajes cervantinos en algunas de las obras reunidas en su *Musa entretenida de varios entremeses* (1658), como es el caso de *El capitan mentecapto*, en la que la dama Sirene le dice burlona a su rescatador: «Señor Capitan / aun barbi poniente / que en lo bravo, y diestro, / sois un ramillete, / vos que a don Quixote / excedeis valiente / simple, a Sancho Pansa, / si aun bien mas solemne, / en aquesta torre, / captiva me tiene / un jayan, ay triste» (pp. 100-101).

El primer texto dramático de tema plenamente quijotesco en Portugal tal vez sea el *Entremez de D. Quijote*, incluido en la *Musa jocoza de varios entremezes portugueses & castelhanos* (1709), una compilación de doce piezas breves publicada bajo el pseudónimo «Nuno Nisceno Sutil» y dedicada al futuro 3.º marqués de Valença y 9.º conde de Vimioso, José Miguel de Portugal e Castro. Herrero (1948) y Madroñal (2008) han editado este *Entremez de D. Quijote*, redactado en castellano por un autor de probable origen portugués. Camões (2020: 118-119) observa que en el *Entremez de los criados*, que pertenece a la misma colección, un personaje llamado Sancho es comparado con el escudero de don Quijote. Marques (2021: 31) también encuentra referencias a la novela cervantina en dos textos de finales del siglo XVII, el *Entremez do Cioso Castigado* y el *Entremez dos Fidalgos Fantásticos*, copiados en el códice n.º 211 de los Manuscritos da Livraria del Arquivo Nacional da Torre do Tombo. En la base de datos del proyecto *ENTRIB – Entremezes ibéricos: inventariação, edição e estudo*, dirigido por José Camões y Abraham Madroñal, aparecen otras dos obras portuguesas con personajes del *Quijote*, totalmente inéditas: el *Coloquio pastoril ao Nasimento* (ms. n.º 2182 de los Manuscritos da Livraria del Arquivo Nacional da Torre do Tombo) y el *Entremez contra as gazetas* (ms. CF-D-6-22 de la Biblioteca Central da Universidade de Coimbra).[8]

A mediados del siglo xviii, la *Vida do Grande D. Quixote de la Mancha e do Gordo Sancho Pança* de António José da Silva (1705-1739) —apodado «O Judeu» por el origen converso de su familia— obtuvo un gran éxito, como anotaba en su diario el 4.º conde da Ericeira, Francisco Xavier de Meneses: «El pueblo y alguna parte de la nobleza se entretienen con los títeres de don Quijote» (en Barata 1998: 177).[9] Esta ópera para marionetas de corcho articuladas con alambres y varillas —llamadas *bonifrates* en portugués— se estrenó en octubre de 1733 en el Teatro do Bairro Alto de Lisboa, tal vez con música de António Teixeira, actualmente perdida (Cranmer 2024: 307). La pieza de António José da Silva —publicada en 1744 en el primer tomo del *Theatro comico portuguez, ou collecção das operas portuguezas, que se representarão na Casa do Theatro publico do Bairro Alto de Lisboa*, con varias reimpresiones— es una adaptación bastante libre de las aventuras de la segunda parte del *Quijote*, que se combinan con una incursión al monte Parnaso en la que, por petición de la musa Calíope, el hidalgo y su escudero se enfrentan a una cuadrilla de malos poetas. En una de las escenas

---

[8] Sobre el *Entremez contra as gazetas*, ver Camões (2020: 119-120). Escudero Baztán (2016) presenta otros entremeses españoles de inspiración quijotesca.

[9] «O Povo, e algua parte da Nobreza se entretem com os titeres de D. Quixote».

más disparatas, don Quijote cree que la bellísima Dulcinea del Toboso ha sido transformada en el gordo Sancho Panza y que la dama solo podrá ser desencantada a base de azotes:

> Don Quijote Días ha que traigo en el pensamiento una cosa, la cual me viene causando grandes cuidados: ¿podría darse el caso de que mis enemigos encantadores traigan transformada la belleza de mi señora Dulcinea en la figura de Sancho Panza? [...] Todo podría ser, pues que se leen en los antiguos libros de caballería andante otras transformaciones de ninfas en aún más ruines figuras que la de Sancho Panza y, porque no es del todo descabellado este pensamiento, bueno será averiguarlo, que la diligencia es la madre de la buena ventura (*Vida do Grande D. Quixote de la Mancha*, p. 97).[10]

A José Oliveira Barata (1998: 100) no le sorprende que «el *Quijote*, además de circular como lectura apreciada, hubiese despertado la atención creadora de un escritor de comedias en busca de un repertorio de éxito seguro».[11] Las otras piezas de Silva tratan temas de la historia y la mitología clásica, con la salvedad del embrollo doméstico de las *Guerras do Alecrim e Mangerona* (1737). En la misma época, cabe mencionar la primera ópera italiana que llegó a Portugal, *Il D. Chisciotte della Mancia. Intermezzi a sei voci*, que se interpretó durante los

---

[10] Véase la reciente edición de la *Vida do Grande D. Quixote de la Mancha e do Gordo Sancho Pança* a cargo de Abreu (Silva 2019). También puede consultarse la edición de Tavares (Silva 1957). La bibliografía sobre la vida y la obra de António José da Silva es muy abundante; véanse, a modo de ejemplo, Pereira (2007), Costigan (2009), Oliveira (2010), Chartier (2012) y Vieira (2019).

[11] «O *Quixote*, para além de circular como leitura apreciada, tivesse despertado a atenção criadora de um escritor de comédias à procura de um repertório de êxito seguro».

festejos de Carnaval organizados en febrero de 1728 por la reina
D.ª Maria Ana de Austria, la esposa de D. João V, en el Palacio
da Ribeira de Lisboa (Brito 1989: 8-10) y que después se repuso
en 1734. El libreto —una versión abreviada de *Don Chisciotte
in Sierra Morena* (1719) de Apostolo Zeno y Pietro Pariati (Ruta
2021: 327), estrenada en la corte vienesa del emperador Carlos VI,
el hermano de la reina de Portugal— fue publicado en la oficina
de José António da Silva en 1728 y reeditado en 1734.[12]

El *Entremez intitulado: O grande governador da Ilha dos
Lagartos*, un *folheto* de cordel anónimo de 1774 y reeditado en
1784, supone una adaptación bastante fiel de las escenas IV y V
de la segunda parte de *Vida do Grande D. Quixote de la Mancha e do Gordo Sancho Pança*, de las que fueron eliminadas
«todas las referencias a escenas precedentes o posteriores que
pudiesen comprometer la lectura autónoma del episodio» (Pardelha 2016: 66).[13] Como vemos, la obra de António José da Silva
seguía siendo leída y apreciada casi cuarenta años después de la
muerte del autor en el cadalso de la Inquisición. Palma-Ferreira
(1981: 111), opina que «bajo la comicidad del célebre episodio del
gobernador de los Lagartos, [...] se esconde una sátira rotunda
y un pesimismo audaz»[14] ante los abusos de una justicia arbitra-
ria y deshumanizada. El pobre Sancho es sometido a una dieta

---

[12] Monfort (1972: 583) recoge otros testimonios del éxito de estas repre-
sentaciones musicales: «En estos días de Carnaval hubo en Palacio
una comedia italiana de don Quijote y otras fiestas que los músicos
ejecutaban admirablemente» («Nestes dias de entrudo houve no Paço
huma comedia italiana de D. Quixote e outras festas, que os Musicos
executavam admiravelmente»). Acerca de la ópera italiana en la corte
de D. João V de Portugal, ver Stiffoni (1998). El libreto original de *Don
Chisciotte in Sierra Morena*, puesto en música por Francesco Conti y
Nicola Matteis, ha sido editado recientemente (Zeno y Pariati 2019).

[13] «Todas as referências a cenas precedentes ou ulteriores que pudessem
comprometer a leitura autónoma do episódio».

[14] «Sob a comicidade do célebre episódio do governador dos Lagartos,
[...] se esconde uma sátira rotunda e um pessimismo audaz».

demasiado rigurosa por un médico y un cirujano —un suplicio que recuerda al del mítico Tántalo—y la ínsula Barataria se identifica con la «Ilha dos Lagartos», un nombre que recibió la isla africana de São Tomé, desierta antes de la llegada de los colonizadores portugueses y descrita por el sefardí Samuel Usque, al evocar la crueldad del rey D. João de Portugal con los judíos en la *Consolaçam as Tribulaçoens de Israel* (1553), como un territorio inhóspito habitado por reptiles monstruosos. Curiosamente, esta identificación de la ínsula Barataria con la isla de los Lagartos parece haberse popularizado entre el público portugués. Cabe señalar, no obstante, que la condesa Trifaldi de Cervantes —la «Condessa Trifraldras» en la versión cómica de Silva— ya había aludido a las islas de los Lagartos como un remoto lugar de exilio (para los poetas) en el capítulo 38 de la segunda parte del *Quijote*:

> Desde entonces, viendo el mal en que caí por estos y otros semejantes versos, he considerado que de las buenas y concertadas repúblicas se habían de desterrar los poetas, como aconsejaba Platón [...]. Y, así, digo, señores míos, que los tales trovadores con justo título los debían desterrar a las islas de los Lagartos (pp. 843-844).

O grande governador da Ilha dos Lagartos debió de gozar de bastante fama y su segunda escena es recordada por el poeta Cornelio en el entremés *Anatomia comica* (1789) de José Daniel Rodrigues dos Santos, en el marco de la compañía teatral dirigida por el *impresario* Gelasio:

CORNELIO Tengo un entremés muy gracioso con el título *Sancho Panza Alagartado*.
AURELIA ¡Bravo, eso ha de ser muy bueno!
CORNELIO Sí, señora, es *Sancho en la Isla de los Lagartos*.

AURELIA Ahora entiendo.

CORNELIO Los actores son él mismo, los senadores de la isla, el médico y otros; una mesa, varios platos de comida y su rucio entre bastidores [...]. «Sancho: ¡Ay, ay, ay, señor doctor, déjeme comer que me muero de hambre!».

MATUSIO ¡Abajo!

PASCALINO Y ahí le pega el rucio dos coces.

CORNELIO ¿Qué es esto, para dónde me precipitan?

MATUSIO Para el infierno de los tontos.

GELASIO No puedo poner en duda que la pieza sea graciosa, pero siento compasión por la fatuidad de estos pobres hombres (*Anatomia comica*, pp. 11-12).[15]

Existen otras recreaciones del *Quijote* en la historia del teatro portugués. Camões (2020: 120-125) da noticia de la comedia inédita *Querer sin querer querer* (1721) de Manuel Pacheco de Sampaio e Valadares (1673-1737), que propone un interesante intercambio de roles entre el caballero manchego y su escudero.[16] Lamentablemente se ha perdido la «farça jocoséria» de Francisco José Monteiro Naio, un jurista natural de Setúbal y vinculado a la Academia dos Problemáticos de Évora, que se titulaba *D. Quixote renacido* y es referida por Diogo Barbosa Machado en su *Bibliotheca Lusitana* (1747: II, 167). Rodrigues

---

[15] «Corn. Tenho hum engraçado Entremez, com o titulo *Sancho Pança Alagartado*. / Aur. Brabo, isto ha de ser bom. / Corn. Sim, Senhora, he *Sancho na Ilha dos Lagartos*. / Aur. Bem percebo. / Corn. Actores elle, os Senadores da Ilha, o Medico, e outros, huma meza, varios pratos de comer, o seu russo entre os bastidores [...]. *Sancho: ai, ai, ai, Senhor Doutor deixe-me comer que tenho rafa*. / Mat. Abaixo. / Pasc. Lá lhe prega o ruso dous couces. / Corn. Que he isto para onde me precipitão? / Mat. Para o inferno dos tollos. / Gel. Não posso duvidar, que a péssa he engraçada; mas tenho compaixão da fatuidade destes pobres homens».

[16] En otra pieza del autor, *Tenerse muertos por vivos* (1717), también aparecen algunas referencias a don Quijote y Sancho Panza (ver Glaser 1955b).

(2006: 175) descarta la pieza cómica *O Quixote dos doutores* —de la segunda mitad del siglo XVIII— que, a pesar del título, poco tiene que ver con la novela cervantina; lo mismo debe de ocurrir con *O conde Palatino, ou o D. Quixote de Traz-os-Montes*, una comedia representada en 1823. La dramaturgia de Manuel de Figueiredo (1725-1801), miembro de la Arcádia Lusitana, contiene algunos elementos quijotescos en obras como *O fatuinho* y *O indolente miseravel*, como ha demostrado Joana Castaño en su tesis doctoral (2021). De la «ficção dramatica de hum escriptor portuguez» titulada *D. Quixote na cova de Montezinhos* consta una edición de la Imprensa Régia de 1813 en la Biblioteca Nacional de Portugal, si bien sabemos que fue estrenada en el Teatro do Salitre de Lisboa en 1807 y que su autor habría sido José Joaquim Leal (1774-1846).

Tras las operetas *Proezas de D. Quixote*, con libreto de Gervásio Lobato y Pedro Vidoeira, y *D. Quixote*, de Francisco Jacobetty, ambas de finales del siglo XIX, tenemos que esperar al año 1944 para encontrar tres propuestas muy diferentes protagonizadas por el Caballero de la Triste Figura en Portugal: *D. Quixote e o outro* de Fernando Amado, *O baptismo de D. Quixote* de João de Castro Osório, y *Dulcinéa ou a última aventura de D. Quixote* de Carlos Selvagem (Rebello 2005: 123-124).[17]

3. *Las tres cidras del amor, o El caballero andante*

La obra que presentamos, la *Piquena peça intitulada As três cidras do amor, ou O cavaleiro andante*, es un *folheto* de cordel de autor anónimo que fue impreso en 1793 en el taller lisboeta de Francisco Borges de Sousa,[18] con la aprobación de la Real

---

[17] Puede consultarse la reciente edición de Abreu de *Dulcinéa ou a última aventura de D. Quixote* (Selvagem 2020).

[18] No hay muchos datos acerca del impresor Francisco Borges de Sousa, activo entre 1757 y 1792 y que tenía su taller tipográfico en el centro

Mesa da Comissão Geral sobre o Exame e Censura dos Livros
—una versión reformada de la Real Mesa Censória instaurada
por el marqués de Pombal en 1768—; no sabemos si llegó a re-
presentarse alguna vez.[19] Existen dos ejemplares del texto en la
Biblioteca Nacional de Portugal, bajo las signaturas L. 3004//26
V y L. 3338//8 A, los cuales forman parte de las compilaciones
Collecção de Entremezes y *Novos e divertidos entremezes*, en
las que se recogen obras de José Daniel Rodrigues da Costa,
Pedro António Pereira y otros autores. De los dos ejemplares,
solo L. 3338//8 A está completo (dieciséis páginas), mientras que
L. 3004//26 V presenta un salto entre las páginas trece y dieciséis. También se conserva otra copia incompleta (ocho páginas)
en la Biblioteca de Arte de la Fundação Calouste Gulbenkian,
bajo la signatura TC-152. Además, hemos localizado otros seis
ejemplares del *folheto*, lo que da idea de su difusión: en la Biblioteca da Ajuda [154-IV-2/19], en la Universidad de Coimbra
[JF 3-1-67], en la Biblioteca Nacional de España [R/12717(9)],
en la Col·lecció Cervantina de la Biblioteca de Catalunya [ms.
1297 (Cerv. 14-III-24)], en la Bibliothèque nationale de France
[8-YTH-72266] y en la Bancroft Library de la University of Ca-
lifornia, Berkeley [p PQ9261.A1 P5 1793]. Todos los ejemplares
conservados parecen proceder de la misma tirada.

As três cidras do amor puede ser clasificada como *entremés*,
aunque es importante considerar que este término no tiene el
mismo significado en español y en portugués.[20] Barata (1995:

---

de Lisboa, en el Poço do Borratém o en la Rua da Bempostinha (Luís
2009: 73).

[19] Sobre el funcionamiento de la censura en Portugal, ver Carreira (1988).
Peliz (2022: 30) afirma que *As três cidras do amor* fue representada en
el siglo XVIII, pero no ofrece datos concluyentes al respecto.

[20] Para un análisis de las diferencias entre el *entremés* español, el *entremez*
portugués y el *sainete*, ver Castaño (2017). Castro (1974: 3) apuntaba la
problemática definición de los subgéneros dramáticos, «ya sea porque
sus designaciones, oscilantes e imprecisas, se muestran equívocas, o

292-293) define el *entremez* portugués como «un género dramá-tico corto en el que intervienen personajes de carácter popular y de tono preferentemente cómico […], capaz de competir con la comedia, el auto y toda la multiforme variedad de la lite-ratura de cordel».[21] En Portugal, la época dorada del género es el último tercio del siglo XVIII, cuando escriben sus obras autores tan celebrados como Nicolau Luís da Silva (1723-1787), Leonardo José Pimenta (activo en torno a 1794) y el ya mencio-nado José Daniel Rodrigues da Costa (1757-1832). *As três cidras do amor* circuló anónima bajo la designación «piquena pessa», esto es, una adaptación portuguesa del término francés *petite pièce*, que Ignacio de Luzán describía en sus *Memorias litera-rias de París* como «una Comedia pequeña, reducida á un Acto, á dos, ó á tres. Tiene su fábula, ó assunto perfecto, con principio, medio y fin, aunque sin episodios, ó pocos, y muy breves» (Lu-zán 1751: 88). La misma expresión «piquena peça» es utilizada, por ejemplo, por Rodrigues da Costa en textos como *Pequena pessa intitulada A casa de pasto* (1784), *Pequena peça a Arte de tourear, ou O filho cavalleiro* (1787) o *Pequena peça intitulada A casa desordenada, ou O barbeiro de bandurra* (1788). Otras posibles denominaciones, registradas por Castaño (2017: 424), serían «comedia em hum acto», «nova, e pequena pessa inti-tulada…», «nova, e pequena peça critica, e moral», «pequena peça, ou novo entremez», «graçioza, e divertida farça ou novo entremez», etc.

---

porque una misma designación abarca a veces obras muy diferentes, en su esencia, en su estructura, en su estilo y en los objetivos que se proponían» («já porque as suas designações, oscilantes e imprecisas, se mostram equívocas, já porque uma mesma designação abrange por vezes obras muito diferentes, na sua essência, na sua estrutura, no seu estilo e nas finalidades que tinham em vista»).

[21] «Um género dramático curto em que intervêm personagens de carácter popular e de tom preferentemente cómico, […] capaz de competir com a comédia, o auto e toda a multiforme variedade da literatura de cordel».

As três cidras do amor nos presenta la historia de Camelião, un viejo hidalgo que, al igual que don Alonso Quijano, ha caído en la locura como resultado de su lectura obsesiva de libros de caballerías. En la escena inicial, la sensata D.ª Algazarra, que ya está cansada de las extravagancias de su marido, amenaza con destruir su biblioteca. Camelião no entiende el enfado de su mujer y lamenta que pretenda despedazar sus preciados libros, en los que ha ido derrochando la fortuna familiar. Las dos hijas del matrimonio, Dulcineia y Clarinda, en edad casadera, están enamoradas de Farfante, un sastre, y Palermo, un pastelero. Como el Signor Buonafede de Goldoni, Camelião tiene una visión exagerada de la nobleza de su familia —en verdad está prácticamente en la ruina— y aspira a encontrar mejores partidos para sus hijas. El viejo empieza a confundir la realidad con las historias caballerescas y anuncia su intención de comportarse como el rey Alcureceu de Trapisonda, quien, para proteger a sus hijas de las malas lenguas, las encerró en tres castillos encantados en un valle de cidras, custodiados respectivamente por un dragón, un gigante y una serpiente de siete cabezas. A pesar de las quejas de D.ª Algazarra, que prefiere casar a Dulcineia y Clarinda con dos aprendices honestos antes que con unos holgazanes sin dinero, Camelião manda encerrar a las muchachas en sus cuartos, a la espera de un príncipe o un caballero andante que venga a liberarlas, y encarga una serie de figuras y monigotes de pasta de papel —como los que se usan en los espectáculos de tauromaquia— para que actúen como guardianes del supuesto encantamiento. Como solo tiene dos hijas, la tercera princesa será encarnada por la sirvienta Correqueira. «*Fama volat!*», exclama el enajenado Camelião, convencido de que el renombre de la belleza de sus hijas atraerá a los mejores paladines del mundo.

En la segunda escena, Correqueira pide a su novio Melquetrefe, el criado del sastre Farfante, que emplee toda su astucia en tejer un ardid con el que consiga librarlas de las locuras de Camelião. Melquetrefe —heredero del ingenioso Arlequín, los graciosos del teatro aurisecular y el *servus* de la comedia latina— compara el escaso patrimonio de su amo con el de Sancho Panza cuando fue gobernante de la isla de los Lagartos —una referencia a la «ópera jocosa» de António José da Silva— pero se compromete a ayudar a su amada y a sus señoras. Pese a que los tacaños Farfante y Palermo se resisten a prestarle dinero, finalmente Melquetrefe se las arregla para alquilar en un teatro cercano unos disfraces de caballeros noveles con armas de *atrezzo*, unas máscaras y un grupo de trompeteros africanos, con los que irrumpe en la casa del hidalgo para darle una lección y rescatar a las damas en apuros.

En la tercera escena de la farsa, Camelião ultima los preparativos del torneo y D.ª Algazarra se queja del tremendo bochorno que experimentará su familia cuando los pretendientes descubran que los monstruos y alimañas son simples muñecos de pasta de papel, pero su marido, en un alarde de lucidez, le explica que también los grandes héroes del pasado tuvieron que enfrentarse a sombras y quimeras que no eran sino fruto de la imaginación. Los galanes se presentan disfrazados con nombres altisonantes, propios de paladines fingidos —como el marqués de Valdetijeras, el conde de Valdehornos o el príncipe de los Mequetrefes—, y rompen el encantamiento de las tres cidras del amor, destrozando los muñecos de papel con sus espadas de pega, con lo que las agradecidas Dulcineia y Clarinda caen rendidas en sus brazos. Una vez recuperado de su delirio, Camelião se ve obligado a aceptar los matrimonios desiguales de sus hijas, aunque no renuncia del todo a su visión idealizada y romántica de la vida. El premio para el pícaro Melquetrefe será el amor de su querida Correqueira, que promete serle siempre fiel.

4. Teatro de cordel y fantoches de papel

Tanto en España como en Portugal los orígenes del teatro de cordel se vinculan a la tradición oral y a las prácticas de la cultura popular.[22] Como es sabido, la denominación genérica procede de los *cordeles*, esto es, los hilos con los que se ataban los pliegos y hojas volantes que contenían los textos, que se vendían en mercados y plazas (Nogueira 2006; Pardelha 2016: 3-5). Su formato sencillo y económico favorecía que la literatura llegara a un público más amplio, en un momento en el que el acceso a las formas más refinadas de arte y cultura estaba muy restringido. Con su capacidad para fusionar lo culto y lo popular, los *folhetos* de cordel ofrecían historias de cariz sentimental, adaptaciones del teatro clásico portugués e internacional —español, francés e italiano— y nuevas versiones de leyendas como las de doña Inés de Castro y Bernardo del Carpio. A medida que avanzaba el siglo XVIII, los textos de cordel también empezaron a reflejar los cambios culturales impulsados por la Ilustración, que, aunque *a priori* era un movimiento elitista, logró colarse en los escenarios de los Teatros do Bairro Alto, do Salitre y da Rua dos Condes de Lisboa a través de las peripecias de personajes humildes, pero sagaces y valientes, que se enfrentaban a la adversidad y a la injusticia social.

La estructura de *As três cidras do amor* es muy simple: tres breves escenas de diálogos en prosa, de ritmo un poco acelerado, con algunos pareados intercalados. La trama se desenvuelve rápidamente y desemboca en un final festivo en un tiempo reducido. El plantel de personajes-tipo es escaso —un total de ocho: el viejo, su mujer, sus dos hijas, la criada, los dos pretendientes y el pícaro—. Frente al modelo de Goldoni, la única

---

[22] Sobre el teatro de cordel en Portugal, ver, por ejemplo, los trabajos de Sampaio (1920), Cruz (2001: 101-105), Ferreira (2013), Camões (2016) y Pardelha (2016).

novedad sería la introducción de D.ª Algazarra, que remeda el sufrido papel del ama y la sobrina de don Quijote y cuyas réplicas y contrarréplicas con Camelião se revisten de gran comicidad. En el teatro de cordel la descripción de caracteres no aspira a una gran profundidad psicológica, pero Rodrigues (2006: 178) ya nos alerta de que «ningún nombre es indiferente» («nenhum nome é indiferente»): en efecto, la mayoría de los personajes —denominados «interlocutores», como en las obras de António José da Silva y otros autores de la época— reciben nombres parlantes o con carga simbólica (Algazarra, Correqueira, Farfante, Palermo, Melquetrefe, etc.), lo que refuerza la intención paródica del texto. El nombre de Camelião recuerda a figuras grotescas como Camilote, el caballero ridículo de la *Tragicomedia de Dom Duardos* de Gil Vicente (ca. 1522), o al héroe homónimo del *Primaleón* (1512), la segunda novela del ciclo de los Palmerines.[23] El público de la época, bien familiarizado con la obra de Cervantes,[24] reconocería enseguida el origen del nombre de Dulcineia, mientras que Clarinda es la protagonista

---

[23] En una trama secundaria del *Primaleón*, adaptada en el auto de Gil Vicente, el estrafalario Camilote se enamora de Maimonda, una dama extremadamente fea, al igual que le ocurre al hidalgo de la Mancha con Aldonza Lorenzo. Para un análisis sobre la posible relación entre el personaje de Camilote y don Quijote, ver Alonso (1933).

[24] A modo de ejemplo, en la comedia *A virtude sempre triunfa, ou Perseo, e Andrómeda*, atribuida a Nicolau Luís (1790: 3), el gracioso Boliçoso evoca las aventuras de don Quijote y Sancho: «Un hombre es que por morir revienta: / don Quijote tal vez de nuestros tiempos / que, por ver a Dulcinea, mil contratiempos / de la fortuna sufrió, y en esta danza / quien pagó todo lo demás fue Sancho Panza. / Así que sea él entonces don Quijote, / que Sancho Panza no es de este lote» («Hum homem he, que por morrer reventa: / D. Quixote talvez dos nossos tempos, / Que por Dulcinea ver, mil contratempos / Da fortuna soffreo: e nesta dança / Quem pagou tudo o mais foi Sancho Pança: / Pois seja elle embora D. Quixote, / Sancho Pança não he cá deste lote»). El entremés *O paralta vaidoso, e enganado* (1787) también hace alusión al «gordo Sancho Pança».

femenina del *Clarimundo* de João de Barros (1522), el primer libro de caballerías escrito en portugués, reeditado en 1742 y en 1792. También se mencionan el *Florisel de Niquea* de Feliciano de Silva (1532), el *Belianís de Grecia* de Jerónimo Fernández (1545) y alguna versión de las hazañas de Carlomagno y los Doce Pares de Francia.[25]

Lejos de las convenciones formales y del idealismo estético del Neoclasicismo, *As três cidras do amor* se desarrolla en un entorno costumbrista, típicamente burgués. Las escenas tienen lugar en la casa de Camelião y en una calle de una ciudad indeterminada que podría ser la Lisboa dieciochesca: hay referencias a lugares reales como Cacilhas, el arzobispado de Braga, las colonias de Angola, Bissau y Cabo Verde y la isla de las Cobras en Río de Janeiro; a costumbres sociales del siglo XVIII como los juegos del *quinque-nove* y el *sete-é-ponto*, los toros o los chichisbeos; y a figuras del folclore popular como el Cavalo-Marinho. Asimismo, en la pieza abundan los juegos de palabras, el latín macarrónico, las discusiones conyugales y una notable atención a la lucha de clases, que se evidencia en la tensa relación entre amos y sirvientes. El bribón Melquetrefe y la chismosa Correqueira —trasuntos de Cecco y Aurelia en el libreto de Goldoni— resultan ser los verdaderos héroes de la historia, manejando a los otros a su antojo, y disponen de una mayor libertad cómica y expresiva que el resto de los personajes, que se mueven en una esfera social más elevada y, por lo tanto, más limitada. Como sucede con Sancho Panza, los criados manifiestan una visión de los acontecimientos más terrena y más apegada a la realidad.

Autores como Nicolau Luís y José Daniel Rodrigues da Costa conjugaban el tono cómico de sus piezas con la crítica

---

[25] Para una bibliografía de los libros de caballerías peninsulares, ver Eisenberg y Marín Pina (2000) y Vargas Díaz-Toledo (2012b). Ferreira (1993) ha estudiado la presencia de temas y personajes caballerescos en la literatura de cordel.

social, poniendo en escena situaciones cotidianas que apelaban la interacción directa con la audiencia. En *As três cidras do amor* se retoman algunas de las características fundamentales de la obra cervantina, como la risa provocada por los comportamientos exagerados de los personajes y el contraste entre fantasía y realidad que, *ridendo castigat mores*, llevaban al público a cuestionarse las ilusiones que a menudo gobiernan las relaciones humanas. Por ejemplo, la parodia final de la frase mágica «*Fama volat*» de Camelião —deformada y repetida hasta la saciedad por los otros personajes— llega a rozar el absurdo; lo mismo ocurre con la destrucción a golpes y porrazos de los fantoches de papel que custodiaban los aposentos de Dulcineia y Clarinda, un pasaje de trazas carnavalescas que evoca el episodio del retablo de maese Pedro en la segunda parte del *Quijote*. El tratamiento del humor también recuerda a las *Guerras do Alecrim e Mangerona* (1737) de Silva —que versa sobre dos hermanas enfrentadas por el perfume del romero y la mejorana— y a las comedias de Goldoni y otros autores italianos,[26] alterando la intriga astrológica de *Il mondo della luna* por las alusiones a la tradición cervantina. A semejanza del proceso de quijotización de Sancho y de sanchificación de don Quijote planteado por Madariaga (1926), hay un momento de la pieza en el que D.ª Algazarra parece contagiarse del espíritu caballeresco de su marido, quien, por su parte, podría no estar tan loco como aparenta, ya que en la última escena reconoce que es plenamente consciente de la farsa que ha montado para poner a prueba el ingenio y el valor de los pretendientes de sus hijas. A nuestro juicio, esto permite vislumbrar un cierto cambio de paradigma en la recepción del *Quijote*, que ya anunciaría la lectura en clave idealista más propia del periodo romántico (Rivero Iglesias 2011).

---

[26] Acerca de la presencia del teatro de Metastasio, Goldoni, Gozzi y otros escritores italianos en Portugal, véase Miranda (1990) y Martins (2017).

Aunque no sea una adaptación directa de Cervantes ni se inspire explícitamente en su personaje inmortal, *As três cidras do amor* presenta una serie de elementos que remiten a la historia del caballero andante más famoso de la literatura española. Para Ares Montes (1953: 352), «como el autor no ha pretendido presentar en escena al propio Don Quijote, sino a un contagiado de sus locuras, no se ha visto obligado [...] a desfigurar al hidalgo cervantino transformándolo de caballero en fantasmón». Partiendo del cuento popular y apropiándose de ideas y recursos de la comedia goldoniana y la literatura de cordel, el escritor anónimo propone una hábil reinterpretación de la tradición quijotesca, ajustada al gusto del público de finales del siglo XVIII (Rodrigues 2006: 178). Cervantes satiriza la rigidez de las normas caballerescas y la obsesión por ideales románticos desmedidos, mientras que *As três cidras do amor* pone en evidencia los equívocos y las patrañas de un tipo de literatura que, como lamenta D.ª Algazarra, llega a distorsionar la percepción de los lectores demasiado entusiastas y amenaza con arruinar la armonía del hogar familiar. En este sentido, Camelião —el verdadero «cavaleiro andante» al que alude el subtítulo de la obra, una clara víctima de «quixotismo» (Coelho 1976: 904)— tiende a confundir la realidad con la ficción novelada y, en lugar de permitir que sus hijas se casen con hombres decentes, prefiere vivir en la ilusión de los libros e imaginarlas como princesas encantadas, como esas tres cidras o irresistibles enigmas del amor que evocaba en su poema el brasileño Gregório de Matos.

5. La presente edición

En el marco de la colección «El *Quijote* y sus reinterpretaciones» del Grupo de Estudios Cervantinos (GREC) de la Universidad de Oviedo, presentamos una edición moderna de *As três cidras do amor, ou O cavaleiro andante* (1793) —totalmente inédita en español hasta la fecha— como parte de un proyecto de recuperación y divulgación de relecturas y recreaciones teatrales de la novela de Miguel de Cervantes. A través de esta iniciativa, se pretende proporcionar una visión renovada y plural de la presencia de *Don Quijote de la Mancha* en las literaturas europeas.

En primer lugar se ofrece una traducción integral de *As três cidras do amor*, acompañada de un conjunto de notas que no solo ilustran algunos aspectos históricos y socioculturales relevantes sino que también demuestran la conexión del texto con otras obras literarias, con especial atención a las referencias a los libros de caballerías, las narraciones de cordel y el universo cervantino. En la medida de lo posible, se ha procurado que la versión en español refleje todas las características estilísticas del original, adaptando los frecuentes juegos de palabras, los dobles sentidos y las variaciones de tono y/o registro —como, por ejemplo, el estilo pedante de Camelião, los ripios de los pareados, o los giros coloquiales de Melquetrefe y Correqueira—. A continuación, se incluye una edición del texto en portugués, a partir de la *lectio* del ejemplar L. 3338//8 A de la Biblioteca Nacional de Portugal (BNP), en la que se ha optado por modernizar la ortografía y la puntuación según la norma contemporánea, conservando aquellas formas que tienen valor documental desde el punto de vista lingüístico (oscilaciones en el vocalismo tónico y/o átono, fenómenos de metátesis, apócope, etc.). Entre corchetes o en nota a pie de página se indican algunas intervenciones del editor. Nuestro objetivo es que el lector hispanohablante —sea especialista en la obra de Cervantes, en el teatro de cordel, o simple curioso— conozca una obra singular que ha pasado desapercibida durante mucho tiempo y, si lo desea, también pueda acercarse al original de manera más directa. Sin duda, el análisis de *As três cidras do amor* contribuirá a enriquecer el estudio de los temas quijotescos en la literatura portuguesa del siglo XVIII.

6. Bibliografía citada

Abreu, Maria Fernanda de, *Cervantes no romantismo português. Cavaleiros andantes, manuscritos encontrados e gargalhadas moralísimas*, Estampa, Lisboa, 1997.

—, «O *Quixote* na voz dos escritores portugueses», en *Dom Quixote. A letra e os caminhos*, org. M. A. da Costa Vieira, Universidade de São Paulo, São Paulo, 2006, pp. 297-316.

—, «Un Quijote jocoserio en 1733, en Lisboa, con licencia del Santo Oficio», en *Recreaciones teatrales del Quijote. Perspectivas teóricas, lingüísticas y culturales*, ed. E. Martínez Mata, M. Fernández Ferreiro y E. Marigno, Visor, Madrid, 2019, pp. 115-133.

Alonso, Dámaso, «El hidalgo Camilote y el hidalgo don Quijote», *Revista de Filología Española*, XX (1933), pp. 391-397.

Álvarez-Cifuentes, Pedro, «*As tres Cidras do Amor, ou O Cavalleiro Andante* (1793)», *Anales Cervantinos*, LII (2020), pp. 353-363.

Amado, Fernando, *Peças de teatro*, org. T. Amado y V. Silva Tavares, Imprensa Nacional – Casa da Moeda, Lisboa, 2000.

Anastácio, Vanda, «"Heróicas virtudes e escritos que as publiquem". D. Quixote nos papéis da Restauração», *Iberoamericana,* 7-28 (2007), pp. 117-136.

Ares Montes, José, «Cervantes en la literatura portuguesa del siglo XVII», *Anales Cervantinos*, II (1952), pp. 193-230.

—, «Don Quijote en el teatro portugués del siglo XVIII», *Anales Cervantinos*, III (1953), pp. 349-352.

—, «Don Quijote en un romance portugués», *Anales Cervantinos*, XI (1972), pp. 155-158.

—, «Don Quijote en tres poetas portugueses», *Anales Cervantinos*, XXV-XXVI (1988), pp. 65-74.

—, «Una traducción portuguesa del *Persiles*», *Anales Cervantinos*, XXX (1992), pp. 183-189.

—, «Evocaciones cervantinas en poetas portugueses del siglo XIX», *Anales Cervantinos*, XXXI (1993), pp. 231-238.

Barata, José Oliveira, «Entremez», en *Biblos: Enciclopédia Verbo das Literaturas de Língua Portuguesa*, dir. J. A. Cardoso Bernardes, Verbo, Lisboa, 1995, vol. II, pp. 292-296.

—, *História do teatro em Portugal (séc. XVIII). António José da Silva (o Judeu) no palco joanino*, Temas e Debates, Lisboa, 1998.

Barbosa, Bernardino, «Contos populares de Évora», *Revista Lusitana*, XVIII (1915), pp. 205-218.

Basile, Giambattista, *Pentamerón. El cuento de los cuentos*, trad. C. Palma, Siruela. Madrid, 2006.

Braga, Teófilo, *Contos Tradicionaes do Povo Portuguez: com um Estudo sobre a Novellistica Geral e Notas Comparativas*, Livraria Universal, Porto, 1883.

—, *O Povo Portuguez, nos seus costumes, crenças e tradições*, Livraria Ferreira, Lisboa, 1885, 2 vols.

Brito, Manuel Carlos de, *Opera in Portugal in the Eighteenth Century*, Cambridge University Press, Cambridge, 1989.

Camões, José, «Labirintos inconstantes entre palcos e oficinas: percursos do teatro em Portugal do século XVIII», en *Actas do Colóquio Touros, Comédias, Bailes e Tragédias – Espectáculos e divertimentos em Portugal no século XVIII*, Centro de Estudos de Teatro – Faculdade de Letras da Universidade de Lisboa, Lisboa, 2016, pp. 25-33.

—, «La reinvención de la figura en el teatro del Siglo de Oro: dos ejemplos portugueses», en *Entresiglos: de la Edad Media al Siglo de Oro (II). Estudios en homenaje al profesor Joan Oleza*, ed. J. Badía y L. C. Souto, Anejos de *Diablotexto Digital*, Valencia, 2020, pp. 112-127.

Cardigos, Isabel David, y Paulo Jorge Correia, *Catálogo dos contos tradicionais portugueses (com as versões análogas dos países lusófonos)*, Centro de Estudos Ataíde Oliveira da Universidade do Algarve – Edições Afrontamento, Santa Maria da Feira, 2015, 2 vols.

Carreira, Laureano, *O teatro e a censura em Portugal na segunda metade do século XVIII*, Imprensa Nacional – Casa da Moeda, Lisboa, 1988.

Castaño, Joana, «*Los amantes sin ochavo*: ¿el primer sainete portugués?», *Anagnórisis. Revista de Investigación Teatral*, 15 (2017), pp. 419-443.

—, *Espanha no teatro de Manuel de Figueiredo*, Universidad de Oviedo, Oviedo, 2021.

Castro, Aníbal Pinto de (ed.), *Catálogo da Colecção de Miscelâneas. Teatro*, Publicações da Biblioteca Geral da Universidade de Coimbra, Coimbra, 1974.

Chartier, Roger, «O *Dom Quixote* de Antônio José da Silva, as marionetes do Bairro Alto e as prisões da Inquisição», *Sociologia e Antropologia*, II-3 (2012), pp. 161-181.

Centeno, Yvette K., *As três cidras do amor*, Cotovia, Lisboa, 1991.

Cervantes, Miguel de, *Don Quijote de la Mancha*, ed. F. Rico, Santillana Ediciones Generales, Madrid, 2011.

Cobelo, Silvia, «La traducción tardía del *Quijote* al portugués», en *Pictavia aurea: Actas del IX Congreso de la Asociación Internacional Siglo de Oro (Poitiers, 11-15 de julio de 2011)*, coord. A. Bègue y E. Herrán Alonso, Presses universitaires du Mirail, Toulouse, 2013, pp. 1213-1221.

Coelho, Francisco Adolfo, *Contos populares portuguezes*, Paulo Plantier, Lisboa, 1879.

Coelho, Jacinto do Prado, «Quixote (Dom) e o Quixotismo», en *Dicionário de Literatura: Literatura Portuguesa, Literatura Brasileira, Literatura Galega, Estilística Literária*, Figueirinhas, Porto, 1976, vol. III, pp. 904-906.

Colaço, Thomaz Ribeiro, *D. Quichote, Rei de Portugal*, Edições SIT, Lisboa, 1953.

Costa, José Daniel Rodrigues da, *Nova, e pequena pessa intitulada Anatomia comica*, Officina de Francisco Borges de Sousa, Lisboa, 1789.

Costigan, Lúcia Helena, «*Vida do grande Dom Quixote e do gordo Sancho Pança*, de Antonio José da Silva e *Don Quixote de La Mancha*, de Miguel de Cervantes». *Signótica*, 21-1 (2009), pp. 89-102.

Cranmer, David J., «Viagens do Grande D. Quixote e do Gordo Sancho Pança», en *História Global da Literatura Portuguesa*, dir. A. Rita, I. Ponce de Leão, J. E. Franco y M. Real, Temas e Debates, Lisboa, 2024, pp. 303-308.

Cruz, Duarte Ivo, *História do Teatro Português*, Verbo, Lisboa, 2001.

De Sanctis, G. B., *Carlo Goldoni. Saggio Monografico*, Editora Liviana, Padova, 1948.

De Stasio, Loretta, *Metamorfosi e migrazioni della Commedia dell'Arte*, Guerra Edizioni, Perugia, 2008.

Dotras Bravo, Alexia, «La recepción de Miguel de Cervantes en el Portugal contemporáneo», *Edad de Oro*, XXXV (2016), pp. 135-147.

Eisenberg, Daniel, y M.ª Carmen Marín Pina, *Bibliografía de los libros de caballerías castellanos*, Prensas Universitarias de Zaragoza, Zaragoza, 2000.

Entremés de don Quijote, ed. M. Herrero, Centro Superior de Investigaciones Científicas, Madrid, 1948.

Entremez intitulado: O grande governador da Ilha dos Lagartos, Officina de Francisco Borges de Sousa, Lisboa, 1784.

Entremez novo, O astrologo por nova invenção, Officina de Antonio Gomes, Lisboa, 1784.

Escudero Baztán, Juan Manuel, «De huellas y sucedáneos quijotescos en los entremeses del Siglo de Oro», *Alpha*, 43 (2016), pp. 191-203.

Ferreira, Jerusa Pires, *Cavalaria em cordel: o passo das águas mortas*, Hucitec Editora, São Paulo, 1993.

Ferreira, Luís Manuel Tarujo, *Vai o diabo em casa do alfacinha: (des) amores e outras desordens nos entremezes de cordel de Setecentos*, Faculdade de Letras da Universidade do Porto, Porto, 2013, 2 vols.

Figueiredo, Fidelino de, «O thema do *Quijote* na literatura portuguesa do século XVIII», *Revista de Filología Española*, VII (1920), pp. 47-56.

—, «O thema do *Quijote* na literatura portuguesa do século XIX», *Revista de Filología Española*, VIII (1921), pp. 161-169.

Garrett, Almeida, *Fragmentos Romanescos*, ed. O. Paiva Monteiro y M. H. Santana, Imprensa Nacional – Casa da Moeda, Lisboa, 2015.

Glaser, Edward, «The literary fame of Cervantes in seventeenth-century Portugal», *Hispanic Review*, XXIII-3 (1955a), pp. 200-211.

—, «More about the literary fame of Cervantes in seventeenth-century Portugal», *Anales Cervantinos*, V (1955b), pp. 143-157.

Goldberg, Christine, *The Tale of the Three Oranges*, Academia Scientiarum Fennica, Helsinki, 1997.

Goldoni, Carlo, *Opere complete di Carlo Goldoni. Volume XVII*, ed. G. Ortolani, Municipio di Venezia, Venezia, 1929.

Hayden, Judy A., y Daniel J. Worden, *Aphra Behn's Emperor of the Moon and its French Source Arlequin, Empereur dans la lune*, The Modern Humanities Research Association, Cambridge, 2019.

Il D. Chisciotte della Mancia. Intermezzi a sei voci da rappresentarsi nel Real Palazzo in questo presente Carnevale 1728, Officina di Gioseppe Antonio di Sylva, Lisboa, 1728.

Il D. Chisciotte della Mancia. Intermezzi a sei voci da rappresentarsi nel Real Palazzo in questo presente Carnevale 1734, Officina di Gioseppe Antonio di Sylva, Lisboa, 1734.

Leal, José Joaquim, *D. Quixote na cova de Montezinhos*, Imprensa Regia, Lisboa, 1813.

Leal, José da Silva Mendes, *As trez cidras do amor. Comedia lenda, em 4 actos*, Typographia da Empreza da Lei, Lisboa, 1852.

Lizón, Adolfo, «El viaje de Miguel de Cervantes a Portugal», *Cuadernos de Literatura*, II-4 (1947), pp. 63-85.

Luís, Nicolau, *A virtude sempre triunfa, ou Perseo, e Andrómeda*, Officina de Simão Thaddeo Ferreira, Lisboa, 1790.

Luís, Pedro F. Catarino, *A Academia dos Humildes e Ignorantes (1758-1770): as letras e as luzes para o homem comum*, Faculdade de Letras da Universidade de Coimbra, Coimbra, 2009.

Luzán, Ignacio de, *Memorias literarias de Paris: actual estado, y methodo de sus estudios*, Imprenta de don Gabriel Ramirez, Madrid, 1751.

Machado, Diogo Barbosa, *Bibliotheca Lusitana Historica, Critica, e Chronologica. Na qual se comprehende a noticia dos authores Portuguezes, e das Obras, que compuserão desde o tempo da promulgação de Ley da Graça até o tempo prezente*, Officina de Antonio Isidoro da Fonseca – Officina de Ignacio Rodrigues – Officina Patriarcal de Francisco Luiz Ameno, Lisboa Occidental, 1741-1759, 4 vols.

Madariaga, Salvador de, *Guía del lector del Quijote. Ensayo psicológico sobre el Quijote*, Espasa Calpe, Madrid, 1926.

Madroñal, Abraham, «El olvidado *Entremés de don Quijote* de Nuño Nisceno Sutil», *Anales Cervantinos*, XL (2008), pp. 311-332.

Marques, Andresa Alexandra Fresta, *Entre a versão e a variante: casos exemplares de entremezes portugueses dos séculos XVII e XVIII — edição e estudo*, Faculdade de Letras da Universidade de Lisboa, Lisboa, 2021.

Martins, Ana Rita Palma Mira Delgado, *A fábrica do Teatro do Bairro Alto (1761-1775)*, Faculdade de Letras da Universidade de Lisboa, Lisboa, 2017.

Matos, Gregório de, *Poemas atribuídos. Códice Asensio-Cunha. Vol. 4*, ed. J. A. Hansen y M. Moreira, Editora Autêntica, São Paulo, 2014.

Mazzoni, Cristina, «The Fruit of Love in Giambattista Basile's *The Three Citrons*», *Marvels and Tales*, 29/2 (2015), pp. 228-244.

Mendes, João, «O *Quixote* em português», *Brotéria*, LVIII (1954a), pp. 569-573.

—, «No rasto do Quixote», *Brotéria*, LIX (1954b), pp. 437-444.

Miranda, José da Costa, *Estudos luso-italianos. Poesia épico-cavaleiresca e teatro setecentista*, Instituto de Cultura e Língua Portuguesa, Lisboa, 1990.

Monfort, Jacqueline, «Quelques notes sur l'histoire du théâtre portugais (1729-1750)», *Arquivos do Centro Cultural Português*, 16 (1972), pp. 566-599.

Nicoll, Allerdyce, *The World of Harlequin: A Critical Study of the Commedia dell'Arte*, Cambridge University Press, Cambridge, 1963.

Nogueira, Carlos, «Aspectos da literatura de cordel portuguesa», en *La literatura popular impresa en España y en la América colonia:*

formas y temas, géneros, funciones, difusión, historia y teoría, dir. P. M. Cátedra, Seminario de Estudios Medievales y Renacentistas, Salamanca, 2006, pp. 595-624.

Oliveira, Francisco Xavier Ataíde de, *Contos Tradicionaes do Algarve*, Typographia Universal, Porto, 1905.

Oliveira, José Luís de, *O teatro de bonifrates em António José da Silva*, Universidade de Tras-os-Montes e Alto Douro, Vila Real, 2010.

Osório, João de Castro, *O baptismo de D. Quixote*, Separata de la *Revista Luso-Brasileira Atlântico*, Lisboa, 1944.

Palma-Ferreira, João, *Do pícaro na literatura portuguesa*, Instituto de Cultura e Língua Portuguesa, Lisboa, 1981.

Pardelha, Ângela Isabel Henriques, *Literatura de cordel: a colecção e o pensamento de José Oliveira Barata*, Faculdade de Ciências Sociais e Humanas da Universidade Nova de Lisboa, Lisboa, 2016.

Pedroso, Zófimo Consiglieri, *Contos Populares Portugueses*, Livraria Ferreira, Lisboa, 1910.

Peixoto, Jorge, «Bibliografia das edições e traduções de D. Quixote publicadas em Portugal», *Boletim Internacional de Bibliografia Luso-Brasileira*, II-4 (1961), pp. 597-622.

Peliz, Joana de Almeida Júdice, *As mágicas As três cidras do amor e Vénus: música e fantasmagoria nos teatros portugueses no século XIX*, Universidade Nova de Lisboa, Lisboa, 2022.

Pereira, Paulo Roberto, *As comédias de Antônio José, o Judeu*, Martins Fontes, São Paulo, 2007.

Piquena Pessa intitulada As tres Cidras do Amor, ou O Cavalleiro Andante, Officina de Francisco Borges de Sousa, Lisboa, 1793.

Rebello, Luiz Francisco, «Dom Quixote no teatro português», *Sinais de Cena*, 4 (2005), pp. 123-124.

Rebelo, Manuel Coelho, *Musa entretenida de varios entremeses*, Officina de Manoel Dias, Coimbra, 1658.

Rivero Iglesias Carmen, «La interpretación idealista del *Quijote*», en *Ortodoxia y heterodoxia en Cervantes*, ed. C. Rivero Iglesias, Centro de Estudios Cervantinos, Alcalá de Henares, 2011, pp. 381-396.

Rodrigues, Maria Idalina Resines, «Vícios e virtudes da imaginação: El *Quijote* no teatro português», *Península. Revista de Estudos Ibéricos*, 3 (2006), pp. 173-186.

Ruta, Maria Caterina, «El *Don Chisciotte in Sierra Morena* de Apostolo Zeno y Pietro Pariati: del *Quijote* al libreto», en *Admiración del mundo: Actas selectas del XIV Coloquio Internacional de la*

Asociación de Cervantistas, ed. A. J. Sáez, Edizioni Ca' Foscari, Venezia, 2021, pp. 325-338.

Salgado, Pedro, *Relaçam verdadeira da entrada que em Castella fez Fernão Martins de Ayala, Tenente da Companhia de Manoel da Gama Lobo [...]*, Paulo Craesbeeck, Lisboa, 1645.

Sampaio, Albino Forjaz de, *Subsídios para a história do teatro português. Teatro de cordel*, Imprensa Nacional de Lisboa, Lisboa, 1920.

Selvagem, Carlos, *Dulcinea ou a última aventura de D. Quixote: farsa heroica*, Aniz, Lisboa, 1944.

—, *Dulcinea o la última aventura de don Quijote*, ed. M. F. de Abreu, Società Editrice Fiorentina, Firenze, 2020.

Silva, António José da, *Theatro comico portuguez, ou collecção das operas portuguezas, que se representarão na Casa do Theatro publico do Bairro Alto de Lisboa*, Regia Officina Sylviana e da Academia Real, Lisboa, 1744, 2 vols.

—, *Obras completas*, ed. J. Pereira Tavares, Livraria Sá da Costa, Lisboa, 1957-1964, 4 vols.

—, *Vida do Grande D. Quixote e do Gordo Sancho Pança*, ed. M. F. de Abreu, Società Editrice Fiorentina, Firenze, 2019.

Sito Alba, Manuel, «La *commedia dell'arte*: clave esencial en la gestación del *Quijote*», *Arbor*, 456 (1983), pp. 7-30.

Stiffoni, Gian Giacomo, «La ópera cómica italiana en la corte portuguesa durante el reinado de João V (1728-1740)», *Revista Portuguesa de Musicologia*, 7-8 (1998), pp. 163-198.

Sutil, Nuno Nisceno, *Musa jocoza de varios entremezes portuguezes & castelhanos*, Officina de Miguel Manescal, Lisboa, 1709.

Vargas Díaz-Toledo, Aurelio, «Análisis de un texto portugués sobre el *Quijote*: la *Relaçam de tudo o que sucedeu no sítio e defensa da grande cidade de Praga*», *Anales Cervantinos*, XLIV (2012a), pp. 289-318.

—, *Os livros de cavalarias portugueses dos séculos XVI-XVIII*, Pearlbooks, Lisboa, 2021b.

—, «Novedades en torno al estudio de Cervantes en Portugal: siglos XVII y XVIII», *Revista Cálamo Faspe. Lengua y Literatura Españolas*, 64 (2015), pp. 82-91.

—, «Rescate de una edición olvidada del *Quijote* (Lisboa, à custa de los hermanos Du Beux, Lagier & Socios, 1775)», *Hipogrifo. Revista de Literatura y Cultura del Siglo de Oro*, 6-2 (2018), pp. 311-335.

Vargas Díaz-Toledo, Aurelio, y José Manuel Lucía Megías (ed.), *Cervantes e Portugal: História, Arte e Literatura*, Estratégias Criativas, Porto, 2018.

Vieira, Maria Augusta da Costa, «El teatro en escena: *Vida do grande D. Quixote de la Mancha e do gordo Sancho Pança* de Antonio José da Silva (el Judío)», en *Recepción e interpretación del Quijote*, ed. E. Martínez Mata y P. J. Carvajal Pedraza, Visor, Madrid, 2019, pp. 95-107.

Xavier, Alberto, *Dom Quixote: análise crítica*, Imprensa Portuguesa, Porto, 1942.

Zeno, Apostolo, y Pietro Pariati, *Don Chisciotte in Sierra Morena*, ed. E. Martini y trad. A. Jurado Santos, Società Editrice Fiorentina, Firenze, 2019.

Pequeña pieza
titulada

LAS TRES CIDRAS
DEL AMOR,
O
EL CABALLERO
ANDANTE

INTERLOCUTORES

CAMELIÃO[1]	viejo enloquecido por los libros de caballerías
D.ª ALGAZARRA[2]	su mujer
DULCINEIA[3]	su hija
CLARINDA[4]	su hija
CORREQUEIRA[5]	su criada
FARFANTE[6]	amante de Dulcineia
PALERMO[7]	amante de Clarinda
MELQUETREFE[8]	criado de Farfante

[1] Además de sugerir *camaleón* (*camello* + *león*), un animal que según la creencia popular se alimentaba de aire, igual que Camelião se alimenta de los libros de caballerías, el nombre del protagonista recuerda a Camilote, el caballero grotesco de la *Tragicomedia de Dom Duardos* (ca. 1522) de Gil Vicente, inspirada en la trama del *Primaleón* (1512), la continuación del *Palmerín de Olivia* (1511).

[2] En portugués, 'algazara, ruido, barahúnda'. Podría traducirse por *doña Gritona*.

[3] Evidentemente, se trata de una alusión a Dulcinea del Toboso en *Don Quijote de la Mancha*.

[4] Referencia a un personaje de la *Crónica do Imperador Clarimundo* (1522) de João de Barros, la princesa Clarinda, hija única del emperador Polinario de Constantinopla.

[5] En portugués, 'vulgar, trivial' y también 'mensajera, que lleva y trae novedades'. Podría traducirse por *Correveidile* o *Correhuela*.

[6] En portugués, 'farfantón, hablador, jactancioso'.

[7] En portugués, 'palurdo, estúpido'.

[8] En portugués, 'mequetrefe, zascandil'.

ESCENA PRIMERA

Casa de CAMELIÃO.
El susodicho y D.ª ALGAZARRA.

D.ª ALGAZARRA Señor marido, los hombres prudentes lo dejan todo para ocuparse de los intereses de su familia.

CAMELIÃO ¡Qué hermosos libros! Merecen ser encuadernados en terciopelo y decorados con oro y diamantes.[9]

D.ª ALGAZARRA ¿Así me responde a lo que le digo?

CAMELIÃO Este es *D. Florisel de Niquea*.[10]

D.ª ALGAZARRA Hábleme con respeto.[11]

CAMELIÃO Este es *D. Belianís de Gaula*.[12]

D.ª ALGAZARRA ¡No hay mayor insolencia!

CAMELIÃO ¡Oh, y aquí está el gran *Clarimundo*![13]

---

[9] La traducción literal sería: «[merecen ser] decorados con chapa de oro y diamantes».

[10] En el original *D. Florisel de Niquécia*. Referencia al *Florisel de Niquea* (1535) de Feliciano de Silva, el undécimo libro de la serie de *Amadís de Gaula*. Florisel de Niqueia es el personaje que dialoga con D. Quixote sobre la política europea del siglo XVIII en el *Entremez contra as gazetas*, manuscrito conservado en la Biblioteca Geral da Universidade de Coimbra.

[11] La traducción literal sería: «hábleme en los debidos términos».

[12] En el original *D. Blianis de Gaula*. Aunque la referencia es inexacta, podría tratarse del *Belianís de Grecia* (1545) de Jerónimo Fernández, mezclado con el título del *Amadís de Gaula* (1508).

[13] Referencia a la *Crónica do Imperador Clarimundo* de João de Barros.

D.ª Algazarra ¡Me entran ganas de romperle los libros en pedazos!

Camelião Y aquí tenemos el muy respetable *Carlomagno*,[14] alivio de zapateros, escuela de lacayos, asombro de marinos y admiración de todo género de gallegos recaderos.[15] ¡Qué gran libro, qué gran libro!

D.ª Algazarra ¡No hay quien soporte esto! ¡Infames libros! *(Queriendo rasgarlos furiosa).*

Camelião Pero ¿qué furia endiablada es esta? ¿Se ha vuelto loca, señora D.ª Algazarra?

D.ª Algazarra ¡Llevo aquí más de una hora y usted, con la distracción de estos ridículos libros, no presta ninguna atención a mi persona!

Camelião ¡Ridículos libros! Pero ¡qué petulancia, qué blasfemia! ¿Es posible que se atreva en mi presencia a ultrajar estas estimables reliquias de la preciosa y antiquísima antigüedad, en la que tanto florecieron los más sublimes pupilos de la celebérrima caballería andante? ¡Déjeme en paz con mis hermosos libros!

D.ª Algazarra ¡Qué libros ni qué libros! Tenemos que pensar en casar a nuestras hijas.

---

[14] Podría tratarse de una versión portuguesa de la *Hystoria del emperador Carlo Magno y de los doze pares de Francia* atribuida a Nicolás de Piamonte, o de alguna de sus continuaciones, como la *Historia do Emperador Carlos Magno, e dos doze Pares de França* de Jerónimo Moreira de Carvalho (1728, con varias reimpresiones) o la *Historia nova do Emperador Carlos Magno, e dos doze pares de França* de José Alberto Rodrigues (o Rebelo) de 1742, que fue reimpresa en 1789 por Francisco Borges de Sousa, el editor de *As três cidras do amor*.

[15] En el Portugal del siglo xviii, los gallegos solían trabajar como recaderos o mozos de carga.

CAMELIÃO Veamos este primer capítulo de *D. Belianís de Gaula*…

D.ª ALGAZARRA El tiempo corre y ellas…

CAMELIÃO ¡Oh, qué pasmo! ¡Qué portento! ¡Galante historia es esta de las tres cidras del amor![16]

D.ª ALGAZARRA … son mujeres hechas y derechas…

CAMELIÃO ¿Mujeres? ¿Mujeres? Dice la historia que son tres princesas encantadas.

D.ª ALGAZARRA … y tenemos que pensar en casarlas.

CAMELIÃO Sí, sí, en casarlas pensó el rey su padre, llamado Alcureceu de Trapisonda, que venció en campal batalla a…

D.ª ALGAZARRA ¿A mí qué me importan tales patrañas? Lo que quiero es casar a las niñas.

CAMELIÃO Por ello, oíd la historia: en campal batalla, allí vas, Agilvaz Salsafraz…[17]

D.ª ALGAZARRA ¡Caifás, Barrabás y Satanás te lleven, viejo cargante!

CAMELIÃO No grite tanto[18] y oiga la historia.

---

[16] Primera alusión al cuento popular de *Las tres cidras del amor*, que da título a la farsa. La historia que narra Camelião sobre el rey Alcureceu de Trapisonda y sus tres hijas encantadas no se corresponde con las versiones recogidas en Portugal y parece ser una invención del autor.

[17] Parece tratarse de un personaje caballeresco inventado por el autor. Este tipo de nombres inusuales y a menudo extravagantes son muy frecuentes en el teatro de cordel. *Salsafraz* hace referencia a la saxífraga (planta herbácea que se usa en infusión contra los cálculos renales). D. Gilvaz es uno de los protagonistas de las *Guerras do Alecrim e Mangerona* (1737) de António José da Silva. En el *Auto dos Enanos* (siglo XVI) también aparece un rústico llamado Gil Vaz.

[18] La traducción literal sería: «¡Qué fuerte algazara!». Se trata de un juego de palabras con el nombre de la esposa de Camelião.

D.ª Algazarra No quiero oír nada más.

Camelião Oiga, que tal vez de ella resulte el buen éxito de su afán.

D.ª Algazarra Si es así, dígame.

Camelião Este rey Alcureceu tenía tres hijas y, por librarse de las bocas del mundo…

D.ª Algazarra ¡Las casó!

Camelião ¡Y dale con el casorio, no! Las mandó meter en tres castillos, guardadas una por un dragón, otra por un gigante y otra por una sierpe[19] de siete cabezas.

D.ª Algazarra ¿Y así acaba la historia?

Camelião Todavía no. Los castillos estaban situados en un valle de cidras y les dio libertad a todos los príncipes aventureros para desencantarlas, y aquellos que las desencantasen serían sus maridos, y estos príncipes dieron a las princesas el título de las tres cidras del amor, por la situación de los castillos.

D.ª Algazarra ¿Y eso qué tiene que ver con nosotros?

Camelião ¡Mucho, mucho!

D.ª Algazarra Ya veo que se ha vuelto un loco rematado y cierto es que de viejos volvemos a ser niños.[20]

Camelião ¿Que soy un niño?

D.ª Algazarra Sí, señor, porque se cree cuentos de viejas.[21]

---

[19] En el original *bicha*.

[20] La traducción literal sería: «lo cierto es que somos niños dos veces» (se entiende, en la infancia y en la vejez).

[21] En el original *contos da carochinha* ('cuentos del escarabajo'), un

CAMELIÃO ¿Llama usted cuentos de viejas a la veracísima[22] historia de las tres cidras del amor? ¡Pobre inocente, pobrecita!

D.ª ALGAZARRA ¡Usted es el pobre inocente! Dígame, ¿qué espera hacer con sus dos hijas, ahora que ya tiene un pie en la tumba? ¿Por qué no las casa?

CAMELIÃO Ya se casarán, ya se casarán.

D.ª ALGAZARRA Ahora se les ofrecen matrimonios muy convenientes.

CAMELIÃO ¡Una cosa de admirar en estos tiempos!

D.ª ALGAZARRA La ocasión, si no se aprovecha, se escapa.

CAMELIÃO ¡Agarrémosla, pues!

D.ª ALGAZARRA Son dos muchachos muy agradables.

CAMELIÃO Muy bien.

D.ª ALGAZARRA Muy elegantes.

CAMELIÃO Mejor.

D.ª ALGAZARRA Saben bailar y cantar.

CAMELIÃO Perfecto. ¿Y de qué linaje son?

D.ª ALGAZARRA Uno es hijo de un pastelero.

CAMELIÃO ¡Muy mal!

D.ª ALGAZARRA Y el otro hijo de un sastre.

---

conjunto de historias de la tradición oral portuguesa que se caracterizan por su estructura acumulativa. Los *contos da carochinha* ya son mencionados en el siglo XVII por Francisco Manuel de Melo en su *Feira dos Anexins*

[22] En el original *verdadeiríssima*, una marca del estilo pedante de Camelião.

CAMELIÃO ¡Peor!

D.ª ALGAZARRA Los dos tienen el mismo oficio que sus padres.

CAMELIÃO ¡Terrible!

D.ª ALGAZARRA ¿Y entonces qué quiere usted? ¿Unos holgazanes, cuya vida consista en estar metidos en las tabernas, en
los billares y las malditas casas de juego, donde a la más
mínima duda sobre el juego de dados[23] lo arreglan todo de
una puñalada y se marchan volando?

CAMELIÃO Todo lo contrario: ese tipo de individuos, puesto
que no tienen nada que heredar de casa de sus padres, se
meten a aventureros y, mostrando la nobleza de sus corazones, muchas veces acaban consiguiendo un cargo en
Angola, en Bissau o en Cabo Verde,[24] y con buena suerte
terminan convirtiéndose en señores de Braga.[25]

D.ª ALGAZARRA Ya veo que tenemos visiones muy contrarias y
que, por ello, las niñas se quedarán sin casar.

CAMELIÃO No faltarán tres caballeros aventureros y honrados
que pidan su mano y se las lleven de la oreja, ya que yo no
dispongo de mucho dinero[26] para su dote.

D.ª ALGAZARRA ¡Si fuese para libros indignos, enseguida apa-
recerían los cuartos!

---

[23] En el original *quinque-nove* y *sete-é-ponto*. El *quinque-nove* es un juego
de dados ('a cinco y nueve') de origen francés, muy popular en el siglo
xviii. El *sete-é-ponto* es otro juego similar, de origen inglés.

[24] Territorios del antiguo imperio portugués donde aspiraban a hacer
carrera y ganarse un puesto o una encomienda los jóvenes sin fortuna.

[25] *Senhor de Braga* es el título nobiliario otorgado al arzobispo de Braga,
sede del Primado de las Españas y considerada la diócesis más antigua
(y más prestigiosa) de Portugal.

[26] En el original *cousa de china*, expresión coloquial para referirse al dinero.

Camelião ¿Los cuartos? Yo solo conozco los cuartos de mi casa…[27]

D.ª Algazarra ¡Estoy desesperada!

Camelião Por poca cosa se desespera mi señora.

D.ª Algazarra Mi señor, lo que nos espera por no darles dote es que ellas se enamoren y se casen disparatadamente, no con caballeros sino con petimetres[28] andantes, de esos que andan con dos cadenas sin reloj colgadas de los calzones y un anillo de vidrio en el dedo, que se fingen ricos herederos y andan explorando los balcones, cortejando y alborotando hasta a la más prudente y discreta de las doncellas, y si después de arruinar su fama se casan con ella ¡es un milagro de la naturaleza!

Camelião No, no, eso no lo quiero.

D.ª Algazarra ¿Y entonces qué pretende?

Camelião ¿No me dice que ya tengo un pie en la tumba? Pues cuando me muera cásese usted con un zapatero o con un barbero y las hijas que tenga de tal matrimonio entrégueselas a ese pastelero y a ese sastre.

D.ª Algazarra Se casarán con nuestras hijas.

Camelião ¡Pues no!

D.ª Algazarra Y hoy mismo se han de celebrar las bodas.

Camelião ¡Pues sí!

---

[27] En el original hay un juego de palabras entre *dobras* ('doblones') y *dobras do capote* ('dobleces del capote, o del abrigo').

[28] En el original *paraltas* (o *peraltas*), un término que se refiere a hombres muy afectados en su forma de vestir o en su comportamiento social.

D.ª Algazarra Usted no es el único que manda aquí.

Camelião ¡Pues no!

D.ª Algazarra Antes de que pasen dos horas verá lo que hago.

Camelião ¡Pues sí!

D.ª Algazarra ¡Tanta pachorra me exaspera!

Camelião ¡Y a mí, tantos gritos!²⁹

D.ª Algazarra Hábleme con respeto.

Camelião Ya le he dado mi respuesta.

D.ª Algazarra ¿Qué respuesta?

Camelião Que las hijas de un caballero andante han de ser como las tres cidras del amor, encantadas y desposadas con aquellos aventureros que las desencanten.

D.ª Algazarra Lo que digo, se le ha metido en la sesera esa tontería de las tres cidras del amor.

Camelião ¿Soy yo menos padre que el rey Alcureceu?

D.ª Algazarra Sí, señor, es usted menos padre.

Camelião ¿Por qué motivo? Entiendo que en ese tema la experta es usted…

D.ª Algazarra Porque ese rey es padre de tres hijas y usted solo tiene dos.

Camelião Esa razón no se puede rebatir, pero el lugar de la tercera lo suplirá la criada.

D.ª Algazarra ¿La criada?

---

²⁹ La traducción literal sería: «¡Y a mí, tanta algazara!». Se repite el juego de palabras con el nombre de la mujer de Camelião.

CAMELIÃO Sí, señora, las criadas también son hijas.

D.ª ALGAZARRA ¡Hijas de sus padres!

CAMELIÃO Y de sus amos.

D.ª ALGAZARRA ¡Así sucede por nuestros pecados!

CAMELIÃO Sea como fuere, de hoy en adelante determino que esta casa sea un castillo; nuestras hijas y la criada, las tres cidras del amor; y usted será su guardiana.

D.ª ALGAZARRA Como se comporta como un malandrín, será justo que me convierta en una de esas fieras que guardaban a las tres cidras del amor.

CAMELIÃO No será necesario, puesto que las mujeres de su edad son peores que una serpiente enfurecida. *(Sale).*

D.ª ALGAZARRA No sé qué puedo hacer para dar amparo a mis hijas, ya que su padre, entregado a tan locas fantasías, se olvida de lo que dice aquel sabio, que un padre prudente debe trabajar toda la vida para casar a su hija *(Sale).*[30]

Entran DULCINEIA, CLARINDA, y D.ª ALGAZARRA.

LAS DOS Querida madre, ¿cómo van las cosas?

D.ª ALGAZARRA La lectura de los libros de caballerías ha enloquecido a vuestro padre y ha arruinado todas vuestras esperanzas: está obsesionado con la historia de las tres cidras del amor y quiere que seáis princesas encantadas y no esposas de hombres decentes.

DULCINEIA ¡Desgraciada de mí, si pierdo a mi Farfante!

CLARINDA ¡Infeliz Clarinda, si pierdes a tu Palermo!

---

[30] No se ha localizado el origen de la cita.

DULCINEIA ¡Todo para mí serán pesares!

CLARINDA ¡Todo para mí, aflicciones!

D.ª ALGAZARRA Dejémonos de lamentos y vayamos al remedio, ¿qué solución podremos darle a este enredo? *(Piensa)*. Mirad, ya se me ocurre.

LAS DOS ¿Y cómo?

D.ª ALGAZARRA ¡Comiendo! Si vuestros dos amantes de verdad os idolatran, sabrán buscar con astucia la manera de conseguiros.

DULCINEIA Hermana, vamos a escribirles.

CLARINDA Vamos, pero ¿quién les llevará nuestras cartas?

D.ª ALGAZARRA Que las lleve Correqueira. No perdáis tiempo y explicadle bien lo que ocurre mientras yo entretengo a vuestro padre, que veo que por ahí viene.

DULCINEIA ¡Vamos!

CLARINDA ¡Sí, deprisa!

LAS DOS Amor, ya que es honesto nuestro intento,
no nos seas de auxilio hoy avariento.

(Salen).

CAMELIÃO y D.ª ALGAZARRA.

D.ª ALGAZARRA Veo que usted vale para poco.

CAMELIÃO Se equivoca, no valgo para nada.

D.ª ALGAZARRA De lo que deduzco que todo cuanto nos cuenta de sus caballerías son patrañas.

CAMELIÃO Una deducción propia de su talento.

D.ª Algazarra ¿Cree que estoy loca?

Camelião Poco menos.

D.ª Algazarra Usted me ha dicho que no vale para nada.

Camelião Y de nuevo lo afirmo. Los hombres caballeros que al amparo de su valerosa intrepidez surcaron el orbe terráqueo, en todas sus aventuras supieron valer para todo y no valer para nada.

D.ª Algazarra O estoy confusa o me parece que eso implica...

Camelião Sí, señora marisabidilla, ¿es usted tan lista y no es capaz de entenderlo? Supieron valer para todo lo que les pudiese traer gloria y fama y no valer para nada que pudiese enturbiar el resplandor de su ilustre nacimiento.

D.ª Algazarra ¿Pero usted no piensa en el descrédito que le puede venir de no casar a sus hijas?

Camelião ¡Otra vez con lo mismo! Se casarán, se casarán.

D.ª Algazarra ¿Cuándo?

Camelião Cuando les llegue la hora.

D.ª Algazarra ¡Maldita la hora que nunca llega!

Camelião Ya llegará, ya llegará.

D.ª Algazarra ¿Cuando sean viejas? Entonces nadie las querrá.

Camelião ¿Que nadie las querrá por viejas, siendo mis hijas? ¿No sabe usted que la nobleza, cuanto más antigua, más estimada?

D.ª Algazarra Mi experiencia me dice lo contrario.

Camelião ¿Y eso?

D.ª ALGAZARRA Una vez que cumplí los treinta, nadie volvió a hacer por mí el más mínimo exceso.

CAMELIÃO ¡Tan pocos me debe!

D.ª ALGAZARRA Los cumplidos del marido son cosa de poca importancia.

CAMELIÃO ¿No saben tan bien como los de los galanes?[31]

D.ª ALGAZARRA ¡Las mujeres honestas no se acuerdan de semejantes sujetos!

CAMELIÃO Y, sin embargo…

D.ª ALGAZARRA No me enfade, ¡lo que quiero es casar a las niñas!

CAMELIÃO Pues bien, todo está dispuesto para cumplir sus deseos y no menos los de las niñas, que acabarán saliéndose con la suya.[32]

D.ª ALGAZARRA ¿Ah sí, de qué manera?

CAMELIÃO En cada uno de estos cuartos encerrará usted a sus hijas y allí quedarán encantadas y quien quiera casarse con ellas, que las desencante, para lo cual he mandado dar voz y fama por toda la ciudad, y no pasará mucho tiempo sin que aparezcan tantos caballeros como agua por un torrente.

D.ª ALGAZARRA ¿Y cómo las han de desencantar?

---

[31] En el original *chichisbéu* ('chichisbeo'), un hombre galante que cortejaba a una dama (frecuentemente casada).

[32] Es decir, que acabarán casándose cuando sean rescatadas. No queda del todo claro el significado de este pasaje.

CAMELIÃO A fuerza de armas, de la misma manera que los tres príncipes de Trapisonda desencantaron a las tres cidras del amor.

D.ª ALGAZARRA ¿Pero a quién deben enfrentarse?

CAMELIÃO A usted.

D.ª ALGAZARRA ¡Dios me libre!

CAMELIÃO A mí.

D.ª ALGAZARRA Mejor.

CAMELIÃO Y al compadre zapatero.

D.ª ALGAZARRA *Vade in pace:*[33] creo recordar que las tres cidras del amor tenían gigantes, hidras y dragones.

CAMELIÃO De todo eso ha de haber.

D.ª ALGAZARRA Cada vez estoy más confusa, ¡explíquese!

CAMELIÃO Sí, señora, todos esos animales y bestias feroces me ha de alquilar en un breve plazo un empastador.[34]

D.ª ALGAZARRA Pero ¿qué me está contando? Ahora mismo nos vamos de esta casa mis hijas y yo, maldita sea, ¡que no quiero estar ni un instante en compañía de semejantes bicharracos!

CAMELIÃO ¿No ve que las bestias estarán hechas de pasta de papel? Son las figuras que sacaron en los toros el año pasado: les metieron unos hombres dentro y andaban de manera que parecía que estaban vivas.

---

[33] En latín, 'vete en paz'.

[34] Un empastador es un encuadernador de libros o un artesano que moldea figuras con pasta de papel. Adaptamos el juego de palabras entre *empastador* y *emprazador* que aparece a continuación.

D.ª ALGAZARRA Ahora entiendo, vayamos a verlo (esto es con-
veniente para mis planes).

CAMELIÃO Vamos, pues, a preparar lo que sea justo,
      y de las fieras, mi amor, no tenga susto.

(Sale).

D.ª ALGAZARRA Voy a contárselo todo a mis niñas y si no me
equivoco espero, con las locas ideas de mi marido, alcanzar
el final juicioso al que aspira mi corazón, confiado en que
el cielo, que es justo y recto en todo, auxiliará mi propósito.
(Sale).

ESCENA SEGUNDA

Una calle.
CORREQUEIRA y MELQUETREFE.

CORREQUEIRA Sí, Melquetrefe, todo lo que te digo es cierto.

MELQUETREFE ¿Esta galante patraña? ¿Así que el viejo quiere que creamos que sus hijas y la criada son princesas encantadas?

CORREQUEIRA La latosa historia de las tres cidras del amor le ha metido esa obsesión en la cabezota.

MELQUETREFE Si mi amo se casa con la señora Dulcineia y yo contigo, nos hartaremos de tanta cidra confitada,[35] pero espero que no me estés tomando el pelo, ¿de acuerdo?

CORREQUEIRA No tengas miedo de eso: como mi amo insiste en que somos princesas solo nos dejará casarnos con príncipes o, al menos, con caballeros potentados.

MELQUETREFE En ese sentido no defraudaremos al viejo, puesto que tanto yo como mi amo somos tan ricos en la isla de las Cobras[36] como lo fue Sancho Panza en la isla de los Lagartos.[37]

---

[35] En el original *casquinha da Ilha*, un dulce elaborado con cidra confitada, típico de la isla de Madeira. El juego de palabras resulta intraducible.

[36] Parece ser una referencia a la Ilha das Cobras, en la bahía de Guanabara (Río de Janeiro).

[37] Referencia a la *Vida do Grande D. Quixote de la Mancha e do Gordo Sancho Pança* (1733) de António José da Silva (o su adaptación *O grande*

CORREQUEIRA Tú que eres tan listo, con tus astutas ideas podrías montar algún engaño, de manera que el viejo quedara burlado y mis amas y nosotros pudiéramos casarnos.

MELQUETREFE ¡Dios me libre! No caeré en una de esas ahora que sé cuál es el premio de los casamenteros.

CORREQUEIRA ¿Y qué premio es ese?

MELQUETREFE Si se escapan de porrazos no se libran de un chaparrón de maldiciones, que siempre les cae en el espinazo, y al final acaban muriendo cubiertos de llagas como los perros leprosos.

CORREQUEIRA ¡Ay, hazme ese favorcito, mi querido Melquetrefe!

MELQUETREFE Por ti haría muchas cosas, si no tuviera miedo a tus maldiciones.

CORREQUEIRA Es verdad que soy algo malhablada...[38]

MELQUETREFE Yo solo sé que te comes todo lo que te cae en la boca.

CORREQUEIRA Lo que más me reconcome es que no hagas lo que te pido.

MELQUETREFE Por darte gusto me propongo hacer que los hechizos se vuelvan contra el hechicero.

CORREQUEIRA Si consigues eso...

---

governador da Ilha dos Lagartos), en la que Sancho se convierte en gobernador de la isla de los Lagartos (un nombre legendario para la isla de São Tomé, en el golfo de Guinea, que el dramaturgo identifica con la ínsula Barataria). El pasaje es aludido por otros autores de finales del siglo XVIII como José Daniel Rodrigues dos Santos en su *Anatomia comica* (1789).

[38] En el original *boca de pragas*. Se adapta el juego de palabras que aparece a continuación.

MELQUETREFE Estate tranquila: armaré tal enredo que, si bien el viejo ya está medio chiflado, enloquecerá del todo al ver a sus hijas casadas con quienes tanto despreciaba.

CORREQUEIRA ¡Qué feliz seré de casarme contigo!

MELQUETREFE Y yo de llamarte mi, mi...

CORREQUEIRA ¿Mi qué?

MELQUETREFE Mi mujercita, mi queridita, mi viejecita, y todos los nombres que acaban en -ita.

CORREQUEIRA ¡Adiós, amado mío!

MELQUETREFE ¿Amado tuyo? ¡Oh, qué dulces palabras!

CORREQUEIRA Adiós, me voy a consolar a mis pobrecitas amas, que se mueren por casarse como un gato se muere por su pitanza.[39]
  No te olvides de mi amada petición,
  mi alma, mi vida y mi corazón.

(Sale).

MELQUETREFE Se ha ido corriendo mi Correqueira, me ha tomado la palabra y no tengo más opción que obedecerla. Si engaño al viejo con mi ingenio y los dos amantes consiguen a sus amadas, ¡bien pueden quedar contentos de mis servicios![40]

---

[39] En el original *bofes*, la asadura de carne con la que se alimenta a los animales.

[40] En el original la expresión utilizada es *pilhar a sardinha com a mão do gato*, que se refiere a obtener un beneficio aprovechándose de la ayuda ajena.

FARFANTE, PALERMO y MELQUETREFE.

FARFANTE Melquetrefe, ¿qué hay de nuevo?

MELQUETREFE Todo lo que hay es del viejo.

PALERMO ¿Del viejo? ¿Qué estás diciendo?

MELQUETREFE Nada, porque todavía no he hablado con él.

FARFANTE ¡Habla claro, idiota!

MELQUETREFE Con vuestro permiso os diré que ya se ha liado. El viejo, fundando su derecho en las antiguas reglas de la caballería, quiere someter a sus hijas y a la criada a la ley de las tres cidras del amor.

LOS DOS ¿Y qué pretende con eso?

MELQUETREFE Que, a imitación de esas princesas, solo se desposen con tres caballeros andantes que en campal batalla las desencanten a punta de lanza.

FARFANTE ¿Y cómo ha llegado a concebir ideas tan terribles?

MELQUETREFE Con las terribles lecturas de *Carlomagno* y *Don Quijote de la Mancha.*

PALERMO ¿Y cómo saldremos de este lío?

MELQUETREFE Veamos, ¿hay *comquibus?*[41]

FARFANTE Alguno habrá.

MELQUETREFE Venga. *(Extendiendo la mano hacia los dos).*

PALERMO Pero ¿para qué?

MELQUETREFE Venga.

---

[41] Del latín *cum quibus*, expresión coloquial para referirse al dinero.

Los dos Queremos saber tus ideas.

Melquetrefe Por ahora no las revelaré y solo pienso en *meter manos a la obra*. Si quieren que *baile el perro*, que venga el dinero.[42]

Farfante Pero no te vamos a dar dinero sin saber lo que pretendes.

Palermo Sin saber cómo ni para qué, es absurdo.

Melquetrefe Mis señores, para ser amantes son ustedes muy tacaños.[43] Yo ya habría desistido de esta empresa si no estuviera tan empeñado en desencantar para este pobre una de las tres cidras del amor que, aunque de las tres sea la más correhuela,[44] yo la entretendré tanto y tanto en el juego del amor, que ninguno de ustedes podrá adelantárseme.[45] *(Saliendo).*

Farfante ¡Ven aquí! ¿Cuánto necesitas?

Melquetrefe Lo que baste para alquilar en el teatro tres disfraces de armas blancas y algunas máscaras para una tropa de negros trompeteros.[46]

Farfante Aquí tienes dos monedas.

Palermo Toma otras dos.

---

[42] Las partes en cursiva aparecen en español en el original.

[43] En el original *sadios*, 'poco arriesgados, que no incurren en liberalidades'.

[44] Juego de palabras con el nombre de Correqueira.

[45] En el original *ganhar de mão*, esto es, sacar ventaja o lograr la victoria rápidamente en un juego de cartas.

[46] Los *pretos trombeteiros* eran parte integrante de las procesiones del Corpus Christi y otras festividades profanas y religiosas.

MELQUETREFE Muy bien, con estas cuatro monedas robaré al viejo una de tres quilates. La diligencia es la madre de la buena suerte y quien la quiera tener que no espere que vaya a buscarlo a casa, pues como dice un poetastro[47] de esos que hacen versos improvisados:
> Todo el que quiera ganarse a la moza
> muy rápido debe abrir la bolsa.

(Sale).

FARFANTE Tiene razón Melquetrefe, tenemos que seguirlo.

PALERMO Es muy astuto y, a juzgar por los preparativos, ¡la farsa va a ser tremenda! Vamos a ver cómo acaba todo, vamos.

LOS DOS Para que tenga final tanto tormento
> que el amor quiera prosperar nuestro intento.

(Salen).

---

[47] La traducción literal sería: «un poeta de faltriquera».

ESCENA ÚLTIMA

Casa de CAMELIÃO.
CAMELIÃO *y* D.ª ALGAZARRA, *luego* DULCINEIA, *después*
CLARINDA, *luego* CORREQUEIRA, *y a su tiempo las fieras.*
La sala tendrá cuatro puertas.

D.ª ALGAZARRA Vamos siguiendo el humor de este loco para que caiga en la trampa que él mismo ha armado: nos guía los pasos.

CAMELIÃO ¿Y entonces qué me dice? ¿Funciona o no funciona? *Fama volat, fama volat.*[48]

D.ª ALGAZARRA ¿A qué se refiere?

CAMELIÃO Que ante la fama de las tres cidras encantadas caen los aventureros como los tordos en la aceituna. Acabo de firmar un documento a tres potentados por el que me comprometo a entregarles a las muchachas si ellos en singular batalla las desencantan, venciendo a las alimañas feroces que rigurosamente las guardan.

D.ª ALGAZARRA ¿Y qué más falta?

CAMELIÃO Encerrarlas y ponerles a la puerta las respectivas fieras. ¡Llámelas!

D.ª ALGAZARRA Ven aquí, Dulcineia.

Sale DULCINEIA.

---

[48] En latín, 'la fama vuela'. A modo de fórmula mágica entonada por el loco Camelião, la expresión se convertirá en el *leitmotiv* de la secuencia final de la farsa.

DULCINEIA ¿Qué ordena mi padre?

CAMELIÃO Que, hija obediente, ya que te mereces un príncipe de Trapisonda, vete a tu castillo y sabe que estás encantada.

DULCINEIA Cumplo sus órdenes. (*Entra en su cuarto*).

D.ª ALGAZARRA ¿Clarinda? ¿Correqueira?

Salen las dos.

LAS DOS ¿Qué nos manda?

CAMELIÃO Que entréis en vuestros castillos hasta que os desencanten.

LAS DOS Rápidamente obedecemos.

Entra cada una en su cuarto.

CAMELIÃO Y ahora que vengan las fieras.

D.ª ALGAZARRA Pero yo me retiro.

CAMELIÃO ¿Por qué motivo?

D.ª ALGAZARRA Tengo miedo de ellas.

CAMELIÃO ¡Pero si son de papel!

D.ª ALGAZARRA ¿Y entonces cómo podrán temerlas los caballeros?

CAMELIÃO ¡Pero qué tonta! Ellos no saben el secreto, las alimañas parecen vivas y estoy seguro de que, en cuanto las vean, saldrán corriendo cien leguas.

D.ª ALGAZARRA ¡Entonces las tres cidras se quedarán encantadas para siempre!

Camelião Así causaremos una mejor impresión. No faltarán caballeros valerosos que, sin temer el peligro, se enfrenten a las bestias.

D.ª Algazarra Y cuando vean que son de papel se burlarán de usted y de sus encantos.[49]

Camelião ¿Y de qué le parece a usted que eran los gigantes, los dragones y las hidras de la antigüedad? Todo eran sombras y quimeras para que se probaran los corazones intrépidos y, una vez que eran vencidas, todo terminaba en felices bodas, que es el busilis de todas estas pantomimas.[50]

D.ª Algazarra Si es así, me quedo callada. ¡Suena una trompeta!

Camelião ¡Qué alegría! Tenemos aventureros. *Fama volat, fama volat!* Que salgan las fieras.

D.ª Algazarra ¡Que salgan las fieras!

Salen las fieras.

Camelião Vuestra altura, señor gigante, guardará el castillo de Dulcineia; vuestra enormidad, señor dragón, el de Clarinda; y la serpentísima persona el castillo de Correqueira.[51]

D.ª Algazarra ¡Se acerca gente armada!

Camelião *Fama volat, fama volat!* Alto, cuidado en la bravura y en la defensa. Usted, mi señora, siéntese en esa silla

---

[49] En este punto cambia la fórmula de tratamiento entre los esposos, que pasa de *vossa mercê* a *vós*. Se ha mantenido el uso de *usted* en la traducción.

[50] El *busilis* es el meollo o punto clave del asunto que se trata.

[51] Camelião utiliza de forma grotesca los refinados tratamientos de cortesía, propios de los libros de caballerías.

para juzgar los lances de la contienda, y yo me quedo en el campo como padrino de los contendientes.

D.ª ALGAZARRA *(Se sienta).* Señor marido, estoy temblando de verme en estos jaleos.

CAMELIÃO Es verdad que hay peligro, pero tenga ánimo y valor, muestre en todo que es mi mujer.

D.ª ALGAZARRA (¡Cada vez está más loco!).

MELQUEMETREFE y su séquito.

MELQUETREFE Al muy alto y gran padre de las tres cidras del amor se presenta el más ínfimo de los tres potentados a pedir en nombre de todos la debida licencia para entrar en esta gloriosa asamblea militar.

CAMELIÃO Que entren los potentísimos potentados, siempre que vengan a pie, puesto que no queremos aquí más bestias.

D.ª ALGAZARRA Por lo que veo *ubit maior, cessat minor.*[52]

CAMELIÃO ¿Qué quiere decir ese latinajo?

D.ª ALGAZARRA Que donde están las bestias mayores, pierden importancia las pequeñas.

CAMELIÃO No son pequeñas las bestias que vemos.

MELQUETREFE ¡Para nuestro valor no son nada! Yo fui el que acompañó a los Doce Pares[53] en la batalla de la Barca de Pontavel, y con el primer golpe de mi espada María

---

[52] Latín macarrónico a partir de la sentencia *ubi maior minor cessat,* utilizada en el ámbito del derecho romano: 'cuando llega el mayor, el menor deja de tener importancia'.

[53] Los Doce Pares de Francia, los paladines de Carlomagno, protagonizan muchas narraciones de cordel.

Francisca corté el cuello al Caballo Marino, a cuyo eco, estremeciéndose la tierra, se dividió el orbe en cuatro partes, como hoy es bien sabido.[54]

CAMELIÃO ¿Y en cuál de ellas quedó su valentísima persona?

MELQUETREFE El cuerpo en Europa y la fama en las otras tres.

CAMELIÃO ¿Lo ve, señora mía? *Fama volat! Fama volat!*

MELQUETREFE ¡Sí, señor! *Fama bolas! Fama bolas!*[55]

CAMELIÃO ¡Que entren los gladiadores!

MELQUETREFE ¿Los gladiaqué?

CAMELIÃO Los contendientes. No entiende usted frases complejas, ¡ya veo que es un ignorante!

MELQUETREFE Yo soy soldado y no poeta.

CAMELIÃO Cuando las letras se unen a las armas, estas resultan más resplandecientes.

PALERMO y FARFANTE, vestidos de armas blancas,
viseras bajadas y lanzas en ristre, precedidos del séquito
y toque de trompetas.

CAMELIÃO ¡Que magnífica función! Me parece que estoy viendo los toros.

---

[54] Se trata de referencias pseudocaballerescas vinculadas al ciclo de Carlomagno y los Doce Pares de Francia y a los relatos de cordel. El Cavalo-Marinho es un personaje carnavalesco que sigue vivo en el folclore del Nordeste brasileño (estados de Pernambuco y Paraíba). Pontavel podría ser una lejana alusión a la batalla del Puente de Mantible.

[55] Melquetrefe no entiende la expresión latina y responde grotescamente con la interjección *bolas*, equivalente a *cáspita* en español. Se podría traducir como «¡Que le den a la fama!».

MELQUETREFE Él será el toreado cuando se suelten las vacas. ¡Al ataque!

CAMELIÃO Esperen, señores, que hay que repartir las pértigas.

MELQUETREFE Adelante.

CAMELIÃO ¿Cuál de los señores pretende a Dulcineia?

FARFANTE Este su criado.

CAMELIÃO Que se enfrente al gigante. ¿Quién solicita a Clarinda?

PALERMO Este su siervo.

CAMELIÃO Que combata con el dragón. ¿Cuál busca a Correqueira?

MELQUETREFE Este su esclavo.

CAMELIÃO Que destruya a aquella serpiente. ¿Qué es esto, mis caballeros flaquean? ¡No, que las bestias y el artífice de la masa no son paparruchas![56]

MELQUETREFE El señor padrino se equivoca: ¡los hombres de nuestro tipo no se arredran! Ya hemos comido mucho papel y así lo pregona la voz de la fama: *fama bolas!*

CAMELIÃO Eso es, *fama volat!* ¡Al ataque!

Ataca cada uno a su bestia, las cuales se caen al suelo, se abren las puertas y salen las damas de sus cuartos.

LOS TRES ¡Victoria!

D.ª ALGAZARRA ¡Victoria!

---

[56] No está claro el significado de la expresión *brinco de junco*; parece ser una deformación de *bico de junco*, esto es, 'cosa de poca importancia'.

CAMELIÃO ¡Han vencido! Suyas son las tres cidras del amor; sin embargo, no disponen de dote.

MELQUETREFE Los potentados de esta clase no la necesitan, no quieren a las tres cidras del amor con más dotes que las que da la naturaleza.

FARFANTE Yo soy el marqués de Valdetijeras, tengo muchas haciendas y mientras haya algo que cortar, habrá algo que coser.[57]

MELQUETREFE ¡Y, por consecuencia, habrá algo que comer!

CAMELIÃO Entonces, ¿el señor es sastre?

D.ª ALGAZARRA Exactamente.

CAMELIÃO ¡Ay, que me muero!

D.ª ALGAZARRA *Fama volat! Fama volat!*

TODOS ¡Sí! *Fama bolas! Fama bolas!*

CAMELIÃO ¿Y usted quién es?

PALERMO Yo soy el apetecido conde de Valdehornos, consumidor del Pinar de Cacilhas,[58] señor de Villa Tarta, Villa Empanada, Villar de Pasteles y...

CAMELIÃO ¡Basta, basta! El señor es maestro pastelero, ¡ay, qué bochorno!

D.ª ALGAZARRA *Fama volat!*

TODOS Sí, *fama bolas!*

CAMELIÃO ¿Y usted, señor tratante?

---

[57] Juego de palabras entre *coser* y *cocer*.
[58] Localidad cercana a Lisboa, en la orilla sur del río Tajo.

MELQUETREFE Yo soy el príncipe de los Mequetrefes, el duque de los Farfantes, el marqués de los Lechuguinos[59] y el burlador mayor de todos los monstruos de papel, con particular atención a los viejos chiflados obsesionados con las caballerías andantes.

CAMELIÃO ¡Ay, qué vergüenza!

TODOS *Fama volat!*

MELQUETREFE *Fama bolas!*

D.ª ALGAZARRA Señor marido, esto es lo que les pasa a los padres insensatos que, por seguir ilícitas diversiones, duermen a pierna suelta, sin ocuparse a tiempo de las conveniencias de su familia. De estos hay muchos que tarde o temprano, con gran disgusto, llegan a ver mal empleadas aquellas prendas que antes consideraron de su mayor estimación.

CAMELIÃO Tiene razón, señora esposa, me doy por vencido y, ya que lo que está hecho no tiene remedio, ¡que el cielo nos perdone!

FARFANTE ¡Querida Dulcineia!

DULCINEIA ¡Ya me siento afortunada!

PALERMO ¡Amada Clarinda!

CLARINDA ¡Gran placer recibe mi alma!

MELQUETREFE Correqueira mía, como hice lo que me pediste ya no dices nada.

---

[59] En el original *paralvilhos* (o *peralvilhos*), un término que se refiere a individuos muy afectados en la manera de vestir.

CORREQUEIRA ¿Qué más puedo decir sino que soy tuya corriendo?[60]

MELQUETREFE ¡Lo que te pido es que no corras en el amor, porque te cansarás deprisa!

CORREQUEIRA ¡En el amor quien más corre, más alcanza!

MELQUETREFE Yo no quiero un amor que salga corriendo.

CORREQUEIRA Estate tranquilo, tuya soy.

MELQUETREFE ¡Que nos aproveche a mí y a los dos maridos la nueva aventura de las tres cidras del amor!

FIN

Lisboa,
en la oficina de Francisco Borges de Sousa
Año de 1793
Con licencia de la Real Mesa de la Comisión General
de Examen y Censura de los Libros[61]

---

[60] En este diálogo final se repiten los juegos de palabras con el nombre de Correqueira.

[61] Se trata de una actualización de la Real Mesa Censória fundada por el marqués de Pombal en 1768, con el objetivo de centralizar la censura y control de los libros publicados en Portugal. La Real Mesa da Comissão Geral de Exame e Censura de Livros solo funcionaría entre 1787 y 1794, cuando la censura editorial volvió a ser ejercida por tres entidades: el Santo Oficio, el Desembargo do Paço (tribunal superior del reino) y la autoridad episcopal.

Piquena peça
intitulada

**AS TRÊS CIDRAS
DO AMOR,
ou
O CAVALEIRO
ANDANTE**

INTERLOCUTORES

CAMELIÃO	velho infatuado em cavalarias
D. ALGAZARRA	sua mulher
DULCINEIA[1]	sua filha
CLARINDA	sua filha
CORREQUEIRA	sua criada
FARFANTE	amante de Dulcineia
PALERMO	amante de Clarinda
MELQUETREFE	criado de Farfante

---

[1] Se regulariza la ortografía del nombre, que en el texto oscila entre *Dulcineia* y *Dulcinea*. En su caso y en el de Clarinda simplificamos el tratamiento de cortesía, que solo aplicamos a su madre, D. Algazarra.

ESCENA PRIMEIRA

Casa de CAMELIÃO.
O dito e D. ALGAZARRA.

D. ALGAZARRA Senhor marido, os homens prudentes deixam tudo para cuidarem nos interesses da sua família.

CAMELIÃO Belos livros, merecem encadernados[2] em veludo e chapejados de ouro e diamantes.

D. ALGAZARRA Assim responde ao que lhe digo?

CAMELIÃO Este é *D. Florisel de Niquécia.*

D. ALGAZARRA Fale comigo em termos!

CAMELIÃO Este é *D. Blianis de Gaula.*

D. ALGAZARRA Não há maior insolência!

CAMELIÃO Oh, cá está o grande *Clarimundo.*

D. ALGAZARRA Estou capaz de fazer-lhe os livros em pedaços!

CAMELIÃO Aqui temos agora o muito respeitável *Carlos Magno,* alívio de sapateiros, escola de lacaios, assombro de marujos e admiração de todo género de galegos. Grande livro! Grande livro!

D. ALGAZARRA Isto não se suporta! Estes infames livros! (*Querendo resgá-los furiosa*).

---

[2] Se sustituye *encardenados* por *encadernados.*

CAMELIÃO Quê! Que fúria indiabrada é esta? Vossa mercê está doida, senhora D. Algazarra?

D. ALGAZARRA Certamente estou aqui há mais de uma hora e vossa mercê, com a distração destes redículos livros, sem dar atenção à minha pessoa?

CAMELIÃO Redículos livros, que petulância! Que blasfémia! É possível que se atreva na minha presença a ultrajar estas estimáveis relíquias da preciosa e antequíssima antiguidade, em que tanto floresceram os mais sublimes alunos da famosíssima cavalaria andantesca? Deixe-me em paz com os meus belos livros!

D. ALGAZARRA Que livros, nem que livros? É preciso cuidarmos em casar nossas filhas.

CAMELIÃO Vejamos este primeiro capítulo de *D. Bliani[s] de Gaula*.

D. ALGAZARRA O tempo corre e elas...

CAMELIÃO Oh que pasmo! Que portento! Galante história é esta das três cidras do amor!

D. ALGAZARRA ... são mulheres feitas e direitas...

CAMELIÃO Mulheres? Mulheres? Diz a história que são três princesas incantadas.

D. ALGAZARRA ... e é preciso cuidar em casá-las.

CAMELIÃO Sim, sim, em casá-las cuidou logo el-rei seu pai, chamado Alcureceu de Trapizonda, que venceu em campal batalha a...

D. ALGAZARRA Que me importam a mim tais patranhas? O que quero é casar as raparigas!

CAMELIÃO A porpósito ouvi a história: em campal batalha, ali faz Agilvaz Salsafraz...

D. ALGAZARRA A Caifás e Barrabás e a Satanás, que te levem, velho importuno!

CAMELIÃO É forte algazarra, ouça a história.

D. ALGAZARRA Não quero ouvir mais nada!

CAMELIÃO Oiça, que talvez que dela resulte o bom êxito da sua pertensão.

D. ALGAZARRA Sendo assim, diga.

CAMELIÃO O tal rei Alcureceu tinha três filhas, e por se livrar de bocas do mundo...

D. ALGAZARRA As casou!

CAMELIÃO A dar-lhe com o casório! Não, [as] mandou meter em três castelos guardadas uma por um dragão, outra por um gigante e outra por uma bicha de sete cabeças.

D. ALGAZARRA Concluiu a história?

CAMELIÃO Inda não, os tais castelos eram situados em val de cidras e com premetida liberdade a todos os príncipes aventureiros para as desencantarem, e aqueles que as desencantassem seriam seus maridos, estes príncipes deram às princesas o título de três cidras do amor pela situação dos castelos.

D. ALGAZARRA E a que vem isso a nosso caso?

CAMELIÃO Muito, e muito!

D. ALGAZARRA Já vejo que está louco rematado, o certo é que duas vezes somos crianças!

Camelião Quê, eu criança?

D. Algazarra Sim, senhor, pois crê em contos da carochinha!

Camelião Contos da carochinha chama vossa mercê à verdadeiríssima história das três cidras do amor? Coitada da inocente, coitada!

D. Algazarra O inocente, o coitado é vossa mercê! Diga-me, que espera com duas filhas ao lado, vossa mercê com os pés para a cova? Porque não as casa?

Camelião Casarão, casarão.

D. Algazarra Agora se lhe oferece[m] boas conveniências.

Camelião Pois é para admirar nestas eras!

D. Algazarra A ocasião, se não se pilha pelo cabelo, foge.

Camelião Pois agarremo-la!

D. Algazarra Dois rapazes bem prendados.

Camelião Belo.

D. Algazarra Muito casquilhos.

Camelião Melhor.

D. Algazarra Sabem dançar e cantar.

Camelião Ótimo! De que jerarquia são?

D. Algazarra Um é filho de um pasteleiro.

Camelião Mau!

D. Algazarra O outro de um alfaiate.

Camelião Peior!

D. Algazarra Os dois ezecutam as ocupações dos pais.

Camelião Pessimamente!

D. Algazarra Então que queria, alguns destes vadios, cuja vida é estarem metidos nas loges de bebidas, bilhares e malditas casas de jogo, onde por qualquer dúvida do quinque-nove [ou] o sete-é-ponto, dão a sua facadinha, e se vão rolando?

Camelião Antes isso; pois esta qualidade de indivíduos, depois que não têm quê levar de casa dos pais, se metem [a] aventureiros, onde mostrando a nobreza de seus corações vêm muitas vezes a conseguir um despacho para Angola, Bissau ou Cabo Verde, e a bom salvamento ficam feitos senhores de Braga.

D. Algazarra Já vejo que somos encontrados nos projetos, e desta sorte nunca casarão as pobres raparigas!

Camelião Não faltarão três cavaleiros aventureiros honrados que venham pedi-las e as levem pela orelha; pois eu cousa de china para dotá-las não professo.

D. Algazarra Se fosse para livros indignos, logo apareciam dobras!

Camelião Que dobras eu? Só se forem as do capote.

D. Algazarra Estou desesperada!

Camelião Por pouco se desespera minha senhora.

D. Algazarra Vossa mercê o que aguarda só por não dotá-las é que elas se namorem e casem a trouxe-mouxe com algum destes, não cavaleiros mas sim paraltas andantes, que com duas cadeias sem relojo penduradas nos calções e um anel de vidro no dedo, afetando de morgados ricos, andam explorando janelas, desencantando e desenquietando a mais sesuda e recolhida moça e, depois de a conduzirem a uma má fama, se casam com ela é um protento da natureza!

CAMELIÃO Tal não quero.

D. ALGAZARRA Logo o que pertende?

CAMELIÃO Vossa mercê não diz que eu estou com os pés para a cova? Pois quando eu morrer, case-se com um sapateiro ou barbeiro e as filhas que tiver de um tal matrimónio empregue-as nesse pasteleiro e nesse alfaiate.

D. ALGAZARRA Não hão de casar,[3] senão com as filhas deste matrimónio!

CAMELIÃO Pois não!

D. ALGAZARRA E hoje se hão de receber!

CAMELIÃO Pois sim!

D. ALGAZARRA Vossa mercê não governa só!

CAMELIÃO Pois não!

D. ALGAZARRA Antes de duas horas verá o que faço!

CAMELIÃO Pois sim!

D. ALGAZARRA Tanta pachorra me esespera!

CAMELIÃO E a mim, tanta algazarra!

D. ALGAZARRA Responda em termos.

CAMELIÃO Tenho respondido.

D. ALGAZARRA O quê?

---

[3] Se corrige *andem cazar* por *hão de casar*.

CAMELIÃO Que as filhas de um andante cavaleiro devem ser como as três cidras do amor, incantadas e esposadas com aqueles aventureiros que as desencantarem.

D. ALGAZARRA É o que eu digo, meteu-se-lhe nos cascos a asneira das três cidras do amor!

CAMELIÃO Por acaso sou eu menos pai que o rei Alcureceu?

D. ALGAZARRA Sim, senhor, é menos pai!

CAMELIÃO Por que regra? Suposto que nisso pode vossa mercê ler de cadeira…

D. ALGAZARRA Porque esse rei é pai de três filhas e vossa mercê só é de duas.

CAMELIÃO A razão é de embatucar, mas o lugar da terceira suprirá a criada.

D. ALGAZARRA A criada?

CAMELIÃO Sim, senhora, as criadas também são filhas.

D. ALGAZARRA De seus pais!

CAMELIÃO E de seus amos.

D. ALGAZARRA Assim sucede por nossos pecados!

CAMELIÃO Seja como for, de hoje adiante detremino que esta casa seja um castelo; as filhas e criada, as três cidras do amor; e vossa mercê, a sua guarda.

D. ALGAZARRA Como tem privilégios de malandrim, será justo me converta em alguma dessas feras que guardavam as três cidras do amor!

CAMELIÃO Não é preciso; pois todas da sua idade são peiores de que uma serpente assanhada! *(Parte).*

D. Algazarra Não sei que ideia busque para dar amparo a minhas filhas, já que seu pai, entregue a tão loucas fatuidades, se esquece do que diz aquele sábio, que um pai prudente deve trabalhar toda a vida para casar uma filha.

Sai Dulcineia, Clarinda, e D. Algazarra.

As duas Minha querida mãe, que há de novo?

D. Algazarra A lição dos malditos livros de cavalaria tem tornado doido vosso pai e arruinado todas as vossas esperanças: novamente embelezado na história das três cidras do amor, vos quer princesas incantadas e não esposas de homens oficiais.

Dulcineia Desgraçada de mim, se perco o meu Farfante!

Clarinda Infiliz Clarinda, se perdes o teu Palermo!

Dulcineia Tudo para mim serão pesares!

Clarinda Tudo para mim aflições!

D. Algazarra Deixemos carpiduras e vamos ao remédio, que saída daremos a este empenho? *(Pensa)*. Enfim, a tenho achado!

As duas Como?

D. Algazarra Comendo! Se os vossos dois amantes verdadeiramente vos idolatram, saberão astutos buscar os meios de conseguir-vos.

Dulcineia Mana, vamos escrever-lhe.

Clarinda Vamos! Quem levará os escritos?

D. Algazarra Que os leve Correqueira. Ide depressa e instrui-a bem do caso enquanto eu demoro vosso pai, que vejo para esta casa se encaminha.

Dulcineia Vamos!

Clarinda Sim, depressa!

As duas Amor, pois que é honesto o nosso intento,
não nos sejas de auxílio hoje avarento.

(Partem).

Camelião e D. Algazarra.

D. Algazarra Tenho visto que vossa mercê é para pouco!

Camelião Engana-se, que não sou para nada.

D. Algazarra De que devo inferir que tudo quanto nos conta das suas cavalarias são patranhas!

Camelião É inferência própria do seu talento.

D. Algazarra Logo sou uma louca?

Camelião Pouco menos.

D. Algazarra Vossa mercê confessou que não era para nada.

Camelião E de novo o afirmo: os homens cavaleiros que à sombra da sua valerosa intrepidez circularam o orbe terráqueo em todas as suas aventuras, souberam só ser para tudo e nunca para nada!

D. Algazarra Ou estou confusa ou me parece que isso implica...

Camelião Sim, senhora bacharela, é tão sabichona e não penetra? Souberam ser para tudo de que lhe pudesse resultar glória e fama, mas não ser para nada que pudesse manchar o esplendor do seu claro nascimento!

D. ALGAZARRA Mas não atende ao descrédito que lhe pode previr de não casar aquelas raparigas?

CAMELIÃO Dar-lhe com a mesma! Casarão, casarão.

D. ALGAZARRA Quando?

CAMELIÃO Quando lhe chegar a hora.

D. ALGAZARRA Maldita hora que nunca chega!

CAMELIÃO Chegará, chegará.

D. ALGAZARRA Quando forem velhas? Então ninguém as quererá.

CAMELIÃO Que não as quererão por velhas? Sendo minhas filhas? Não sabe que a nobreza quanto mais antiga, mais estimável?

D. ALGAZARRA O contrário o esperimento em mim!

CAMELIÃO Por que motivo?

D. ALGAZARRA Depois que fiz trinta, ninguém mais por mim fez o mínimo excesso!

CAMELIÃO Tão poucos me deve!

D. ALGAZARRA Bacatelas, as finezas de marido...

CAMELIÃO Não sabem tanto como as dos chichisbéus?

D. ALGAZARRA As senhoras mudestas não se lembram de similhantes objetos!

CAMELIÃO Porém...

D. Algazarra Não me seque, o que quero é as raparigas casadas!

Camelião Ora pois; tudo está disposto para o complemento do seu gosto e não menos das suas meninas, que basta serem desta era para morrerem pela casaquinha!

D. Algazarra Sim, de que forma?

Camelião Em cada um daqueles quartos encerra vossa mercê a sua: ali ficarão encantadas e quem as quiser, que as desencante, para o que fiz lançar por toda a cidade voz e fama e não tardará muito que não corram aventureiros como água à maior enxurrada.

D. Algazarra E como as hão de desencantar?

Camelião À força de armas, da mesma sorte que os três príncipes em Trapizonda desencantaram as suas três cidras do amor.

D. Algazarra Mas com que devem contender?

Camelião Com vossa mercê.

D. Algazarra Salva tal lugar!

Camelião Comigo.

D. Algazarra Menos mau.

Camelião E com o compadre sapateiro.

D. Algazarra *Vade in pace!* Recordo-me que as três cidras do amor tinham[4] gigantes, hidras e dragões.

Camelião De tudo há de haver.

---

[4] Se corrige *tenhão* por *tinham*.

D. ALGAZARRA Cada vez estou mais confusa, esplique-se!

CAMELIÃO Sim, senhora, todos esses animais e bestas feras antes de pouco tempo há de trazer-me alugados um empastador.

D. ALGAZARRA Emprazador? Logo as traz emprazadas! Mas ainda assim, eu e minhas filhas já e já nos vamos desta casa, irra! Eu na companhia de similhantes bicharocos não quero estar um instante!

CAMELIÃO Não vê que são feitos de pasta? São os que serviram nos touros o ano passado, que se lhe metiam uns homens dentro e andavam que pareciam vivas.

D. ALGAZARRA Agora percebo, então vamos a isso (já vejo favorável o meu intento).

CAMELIÃO Vamos, pois, a dispor quanto for justo,
                    e das feras meu bem não tenha susto!

(Parte).

D. ALGAZARRA Vou dar parte de tudo às raparigas e, se me não engano, espero com suas próprias e loucas ideias conseguir os ajuizados fins a que o meu coração aspira, confiado que o céu, que é justo e reto em tudo, auxiliará o meu projeto. *(Parte).*

ESCENA SEGUNDA

Rua.
Correqueira e Melquetrefe.

Correqueira Sim, Melquetrefe, quanto digo é certo.

Melquetrefe Esta galante peta? Com que o velho deu na sina de nos querer imbutir as filhas e a criada por princesas incantadas?

Correqueira A negra historia das três cidras do amor lhe meteu essa cisma na cachola.

Melquetrefe Se meu amo se casa com a senhora D. Dulcineia e eu contigo, seremos fartos de casquinha da Ilha, bem que por ser da Madeira fico receando não me pregues alguns esgalhos, percebes?

Correqueira Não tenhas medo desse mal, pois como meu amo insiste em que somos princesas, não quer que casemos senão com príncipes ou ao menos cavalheiros potentados.

[Melquetrefe][5] Lá por essa via não descontentaremos o velho, pois tanto eu como meu amo somos tão apotentados na Ilha das Cobras como foi Sancho Pança na dos Lagartos!

Correqueira Tu que o és de boa marca, com tuas astuciosas ideias podias tecer algum engano, de sorte que o velho ficasse logrado, minhas amas e nós casados.

---

[5] El nombre del personaje se omite en el original.

MELQUETREFE Salva tal lugar! Não caio nessa depois de saber qual é o prémio dos casamenteiros!

CORREQUEIRA Que prémio têm?

MELQUETREFE Se escapa[m] de arroxadas não escapa[m] de um chuveiro de maldições, que a toda a hora lhe cai no espinhaço, e por fim vêm a morrer cobertos de pragas como os rafeiros de lepra.

CORREQUEIRA Ora, faze esta fineza por mim, meu rico Melquetrefezinho!

MELQUETREFE Por ti faria muita cousa, se não receara as tuas maldições!

CORREQUEIRA Pois, eu sou alguma boca de pragas...

MELQUETREFE Eu não sei mais do que consumires tudo que nela te cai.

CORREQUEIRA Mais me consomes tu por não aceitares esta empresa!

MELQUETREFE Por te dar gosto protesto... fazer que os feitiços se virem contra o feiticeiro!

CORREQUEIRA Se tal consegues...

MELQUETREFE Vai descansada, tal enredo tecerei que, se o velho está meio loco, o fique de todo quando vir as filhas por suas próprias mãos esposadas com que ele desprezava.

CORREQUEIRA Que glória terei de ser tua!

MELQUETREFE E eu de te chamar minha, minha...

CORREQUEIRA Minha quê?

MELQUETREFE Minha esposinha, minha carinha, minha velhi-
nha, e todos os nomes que acabam em -inha!

CORREQUEIRA Adeus, meu menino.

MELQUETREFE Teu menino? Oh, que doces palavras!

CORREQUEIRA Adeus, vou consolar aquelas pobrezinhas que
morrem pelo matrimónio como gato por bofes!
Não te esqueças do dito amado emprego,
Minha alma, minha vida e meu sussego.

(Parte).

MELQUETREFE Foi-se a correr a minha Correqueira, empe-
nhou-me e não há remédio senão servi-la. Se logro o velho
e os dous amantes conseguem por minha indústria as suas
namoradas, bem podem gabar-se que pilharam a sardinha
com a mão do gato!

FARFANTE, PALERMO e MELQUETREFE.

FARFANTE Melquetrefe, que há de novo?

MELQUETREFE Tudo quanto há é do velho.

PALERMO Do velho? Que dizes?

MELQUETREFE Nada, porque ainda não lhe falei.

FARFANTE Fala claro, toleirão!

MELQUETREFE Com licença dos que são mais direi que o caldo
está entornado, pois o velho, fundando o seu direito nas
antigas regras da cavalaria, quer que as filhas, e ainda a
criada, gozem os foros das três cidras do amor.

OS DOIS E com isso que intenta?

MELQUETREFE Que, a imitação daquelas princesas, só esposem três cavaleiros andantes, que em campal batalha as desencantem à ponta de lança.

FARFANTE E como chegou a conceber tão péssimas ideias?

MELQUETREFE Com a péssima lição de *Carlos Magno* e *D. Quixote de la Mancha*.

PALERMO Como sairemos deste embaraço?

MELQUETREFE Belamente, há *comquibus*?

FARFANTE Algum haverá.

MELQUETREFE Venha. *(Aparando aos dous a mão).*

PALERMO Mas para quê?

MELQUETREFE Venha.

OS DOUS Queremos saber as tuas ideias.

MELQUETREFE Por ora não me confesso e só cuido em *meter manos a la obra*. Se querem que *balhe el perro*, venha o dinheiro!

FARFANTE Mas dar dinheiro assim sem mais nem mais…

PALERMO Sem saber o como, nem o para que, é asneira.

MELQUETREFE Vossas mercês, meus senhores, para amantes são muito sadios. Eu desde já desestira da empresa se não estivera tão empenhado em desencantar cá para o pobre uma das três cidras do amor, que ainda que das três seja a mais corriqueira, eu a farei parar tanto e tanto no jogo do amor que nenhum de vossas mercês me possa ganhar de mão. *(Partindo).*

FARFANTE Vem cá! Quanto percisas?

MELQUETREFE A que baste para alugar no teatro três vestidos de armas brancas e algumas máscaras para uma chusma de pretos trombeteiros.

FARFANTE Aqui tens duas peças.

PALERMO Toma outras duas.

MELQUETREFE Belamente, com estas quatro peças pregarei ao velho uma de três quilates! A deligência é mãe da boa ventura, quem a quiser conseguir não espere que lhe vá ter a casa, pois atesta um poeta de algibeira destes que fazem versos estudados de repente:
Que todo o [que] quiser lograr a moça,[6]
às gâmbias deve dar abrir a bolsa.

(Parte).

FARFANTE Diz bem Melquetrefe, é perciso segui-lo.

PALERMO Ele tem bastante astúcia e, segundo infiro dos preparos, a farsa há de ser danosa! Vamos ver a conclusão, sim, vamos!

OS DOIS Para que tenha fim tanto tormento
Amor prosperar queira nosso intento.

(Partem).

---

[6] El texto original parece corrupto.

ESCENA ÚLTIMA

[Casa de CAMELIÃO].
CAMELIÃO, e D. ALGAZARRA, logo DULCINEIA, depois
CLARINDA, logo CORREQUEIRA, e a seu tempo as feras.
A sala terá quatro portas.

D. ALGAZARRA Vamos seguindo o humor deste louco para cair na esparrela que armou ele próprio: guia os passos.

CAMELIÃO Então que me diz? Presta ou não presta? *Fama volat, fama volat!*

D. ALGAZARRA Que quer dizer isso?

CAMELIÃO Que à fama das três cidras encantadas caem os aventureiros como tordos na azeitona. Agora acabo de assinar escrituras a três potentados, em que me obrigo a dar-lhe as raparigas se eles em singular batalha as desencantarem, vencendo as animárias ferozes que rigorosamente as guardam.

D. ALGAZARRA Que mais resta?

CAMELIÃO Encerrá-la[s] e pôr-lhe às portas as respetivas feras. Chamai-as!

D. ALGAZARRA Vinde cá, Dulcineia.

Sai a dita.

DULCINEIA Que ordena meu pai?

CAMELIÃO Que, obediente filha, [j]á que mereces um príncipe de Trapizonda, vai para o teu castelo e sabe que estás encantada.

DULCINEIA Cumpro os seus preceitos. *(Entra).*

D. ALGAZARRA Clarinda? Correqueira?

Saem as duas.

AS DUAS Que se nos determina?

CAMELIÃO Que entreis para os vossos castelos até que vos desencantarem.

AS DUAS Prontas obedecemos.

Entram cada uma em seu quarto.

CAMELIÃO Agora venham as feras!

D. ALGAZARRA Mas eu me retiro.

CAMELIÃO Por que motivo?

D. ALGAZARRA Tenho medo delas.

CAMELIÃO Se são de papelão!

D. ALGAZARRA Logo, como poderão temê-las os cavaleiros?

CAMELIÃO Olhem a tolinha! Eles não sabem do segredo, as alimárias parecem vivas: estou certo que, em as vendo, fogem delas cem léguas!

D. ALGAZARRA Então as três cidras ficarão por desencantar toda a vida!

CAMELIÃO Melhor! Faremos mais tempo uma bela figura; quanto mais que não faltarão cavaleiros valerosos que, sem temer os perigos, envistam as bichas!

D. ALGAZARRA E reconhecendo serem de papelão zombarão de vós e dos vossos encantos!

CAMELIÃO E de que vos parece a vós que eram os gigantes, dragões e hidras da antiguidade? Tudo eram sombras e quimeras para se esperimentarem os corações intrépidos, e logo que eram vencidas tudo se acomodava com o casamento, que é o busíles destas farófias!

D. ALGAZARRA Sendo assim estou calada. Mas soa uma trombeta!

CAMELIÃO Oh, belo! Temos aventureiros. *Fama volat, fama volat!* Saiam[7] as feras!

D. ALGAZARRA Saiam as feras!

Saem as feras.

CAMELIÃO Vossa altura, senhor gigante, guardará aquele castelo de Dulcineia; vossa enormidade, senhor dragão, o de Clarinda; e a serpentíssima pessoa o castelo de Correqueira.

D. ALGAZARRA Vem saindo gente armada.

CAMELIÃO *Fama volat, fama volat!* Alto lá, cuidado na braveza e na defensa! Vossa mercê, minha senhora, suba àquela cadeira para julgar os lances da contenda, eu fico no campo para padrinho dos contendores.

D. ALGAZARRA *(Vai sentar-se).* Senhor marido, eu estou tremendo de me ver nestes assados!

CAMELIÃO Na verdade são perigosos; mas tenha ânimo, valor, mostre em tudo que é minha mulher!

D. ALGAZARRA (Cada vez está mais louco!).

---

[7] Se sustituye *Sacão* por *Saiam*.

MELQUETREFE e séquito.

MELQUETREFE A[o] muito alto e grande pai das três cidras do amor se apresenta o mais ínfimo dos três potentados a pedir por todos a devida licença para entrarem nesta gloriosa assembleia militar.

CAMELIÃO Entrem os potentíssimos potentados, contanto que venham a pé, pois não queremos cá mais bestas.

D. ALGAZARRA Pelo que vejo *ubit maior, cessat minor.*[8]

CAMELIÃO Quer dizer esse latinório?

D. ALGAZARRA Que onde estão bestas maiores cessam as menores.

CAMELIÃO Não são pequenas essas bestas feras que está vendo.

MELQUETREFE Para o nosso valor são nada! Eu fui quem acompanhou os Doze Pares na contenda da Barca de Pontavel e ao primeiro golpe da minha Maria Francisca cortei o colo ao Cavalo-Marinho, de cujo eco, estremecendo a terra, se devidiu o orbe em quatro partes, como hoje se nota.

CAMELIÃO Em qual delas ficou a sua valentíssima pessoa?

MELQUETREFE Com o corpo na Europa e a fama nas outras três.

CAMELIÃO Vês, minha senhora? *Fama volat! Fama volat!*

MELQUETREFE Sim, senhor! *Fama bolas! Fama bolas!*

CAMELIÃO Que entre[m] os gladiadores!

MELQUETREFE Gladia quê?

---

[8] Se corrige *cecat* por *cessat.*

CAMELIÃO Os contendores. Não entende frases crespas, já vejo que é ignorante!

MELQUETREFE Eu sou soldado e não poeta.

CAMELIÃO Quando as letras se unem às armas, ficam estas mais resplandecentes!

PALERMO, FARFANTE, vestidos de armas brancas, viseiras caladas e lanças no reto, percedidos de séquito e toque de trombetas.

CAMELIÃO Forte função! Parece-me que estou vendo touros!

MELQUETREFE Ele há de ser o farpeado quando se soltarem as vacas. Toca a investir!

CAMELIÃO Esperem, senhores, que é perciso repartir as garrochas!

MELQUETREFE Vamos a isso!

CAMELIÃO Qual dos senhores pertende Dulcineia?

FARFANTE Este seu criado.

CAMELIÃO Invista com o gigante! Quem solicita Clarinda?

PALERMO Este seu servo.

CAMELIÃO Combata com o dragão! Qual busca Correqueira?

MELQUETREFE Este seu cativo.

CAMELIÃO Destroce aquela serpente! Que é isso, meus cavaleiros desmaiam? Não, que as bichinhas e o taful da massa não são brincos de junco!

MELQUETREFE O senhor padrinho se engana: os homens da nossa esfera não voltam atrás! Temos comido muito papelão, assim o pergoa a voz da fama: *fama bolas!*

CAMELIÃO Assim, *fama volat!* Toca a investir!

Enveste cada um com o seu, que logo caem, abrem-se as portas e saem as damas.

OS TRÊS Vitória!

D. ALGAZARRA Vitória!

CAMELIÃO Venceram! São suas a três cidras do amor; porém, dote de casta.

MELQUETREFE Os potentados desta qualidade não percisam nem querem as três cidras do amor com mais dotes que os da natureza.

FARFANTE Eu sou o marquês de Valdetesouras, tenho muitas fazendas e enquanto houver que cortar, haverá que cozer.

MELQUETREFE E, por consequência, que comer!

CAMELIÃO Logo o senhor é alfaiate.

D. ALGAZARRA À justa.

CAMELIÃO Ai, que morro!

D. ALGAZARRA *Fama volat! Fama volat!*

TODOS Sim! *Fama bolas! Fama bolas!*

CAMELIÃO E o senhor quem é?

PALERMO Eu sou o apetecido conde de Valdefornos, consumidor do Pinhal de Cacilhas, senhor de Vila Torta, Vila Empada, Vilar de Pasteis e…

CAMELIÃO Basta, basta, é senhor mestre pasteleiro! Ai, que estoiro!

D. ALGAZARRA *Fama volat!*[9]

TODOS Sim, *fama bolas!*[10]

CAMELIÃO E você, sou tratante?

MELQUETREFE Eu sou o príncipe dos Melquetrefes, duque dos Farfantes, marquês dos Paralvilhos e logrador-mor de todos os papelões, com particular alçada sobre os velhos loucos infatuados em cavalarias andantes.

CAMELIÃO Ai, que rebento!

TODOS *Fama volat!*

MELQUETREFE *Fama bolas!*

D. ALGAZARRA Senhor marido, é o que sucede aos pais mal-aconselhados que à sombra de ilícitos devertimentos dormem a sono solto, sem cuidarem a tempo das conveniências próprias da sua família. Destes há muitos que depois, com seu desgosto, chegam a ver mal empregadas aquelas prendas que antes apelidaram da sua maior estimação.

CAMELIÃO Tem razão, senhora esposa, eu me dou por convencido, e pois o que está feito não tem remédio, o céu os fará santos.

FARFANTE Querida Dulcineia!

DULCINEIA Já sou afortunada!

PALERMO Amada Clarinda!

---

[9] Se corrige *volae* por *volat*.
[10] Se corrige *bollat* por *bolas*.

CLARINDA Grande prazer recebe minha alma!

MELQUETREFE Minha Correqueira, como te pilhaste servida já não dizes nada!

CORREQUEIRA Quê tenho que dizer, mais do que sou tua a correr?

MELQUETREFE O que te peço é que não corras no amor, porque cansarás depressa!

CORREQUEIRA No amor quem mais corre, mais alcança!

MELQUETREFE É que eu não quero amor correqueiro.

CORREQUEIRA Sou tua, descansa.

MELQUETREFE Que me faça bom proveito a mim e aos dous esposados a nova aventura das três cidras do amor!

FIM

Lisboa,
na oficina de Francisco Borges de Sousa
Ano de 1793
Com licença da Real Mesa da Comissão Geral
sobre o Exame e Censura dos Livros

Las tres cidras del amor, o El caballero andante
As três cidras do amor, ou O cavaleiro andante
se preparó para su publicación en el estudio
de Pandiella y Ocio (Oviedo, España),
y se compuso con las tipografías Minion
Pro (Adobe) para el cuerpo del texto
y Kiperman (Harbor Type)
para la cubierta.

∽